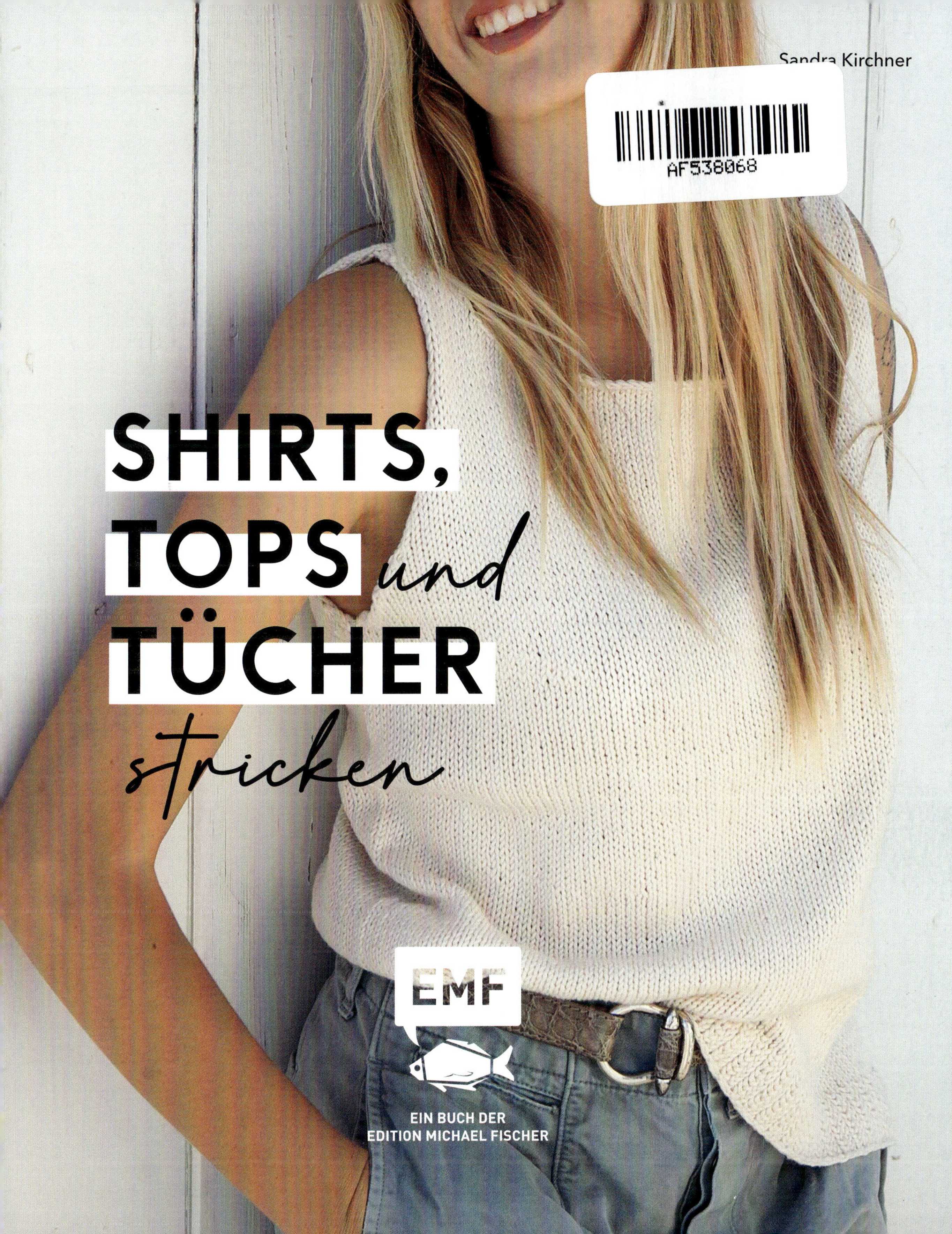

Sandra Kirchner
AF538068
SHIRTS,
TOPS und
TÜCHER
stricken
EMF
EIN BUCH DER
EDITION MICHAEL FISCHER

INHALT

VORWORT

Ich mag den Sommer sehr – die Tage sind unglaublich lang, das Leben hat eine gewisse Leichtigkeit, die Möglichkeiten scheinen endlos. Wir genießen die Wärme und lieben es, Zeit im Freien zu verbringen. Im Kleiderschrank ziehen helle Töne und viel Weiß ein und wir kombinieren sie nach Herzenslust mit allen Farben, die die Welt zu bieten hat. Im Sommer scheint das Leben einfach leichter und sorgloser zu sein.

Dieses sommerliche Lebensgefühl verkörpern die Projekte im Buch. Sie sind leicht und luftig und begleiten dich durch deinen Sommer. Von der Nordsee bis zum Mittelmeer, ins Lieblingscafé oder in den Park zum Grillen. Alles ist möglich – Sommer eben …

Schöne Farben und modische Schnitte sind das beste Rezept für ein Lieblingsteil, mehr Zutaten sind gar nicht nötig. Suche dir ein nettes Plätzchen zum Stricken und schon kann es losgehen.

Alle Projekte in diesem Buch sind so entworfen, dass du sie allein durch die Wahl der Farben ganz schnell zu deinen eigenen, ganz persönlichen Kreationen machen kannst. Experimentiere mit Farben und Längen, stricke Streifen ein oder lasse sie weg und schon spürst du die sommerliche Leichtigkeit auch auf den Nadeln.

Liebe Grüße von

Sandra.

GRUNDLAGEN

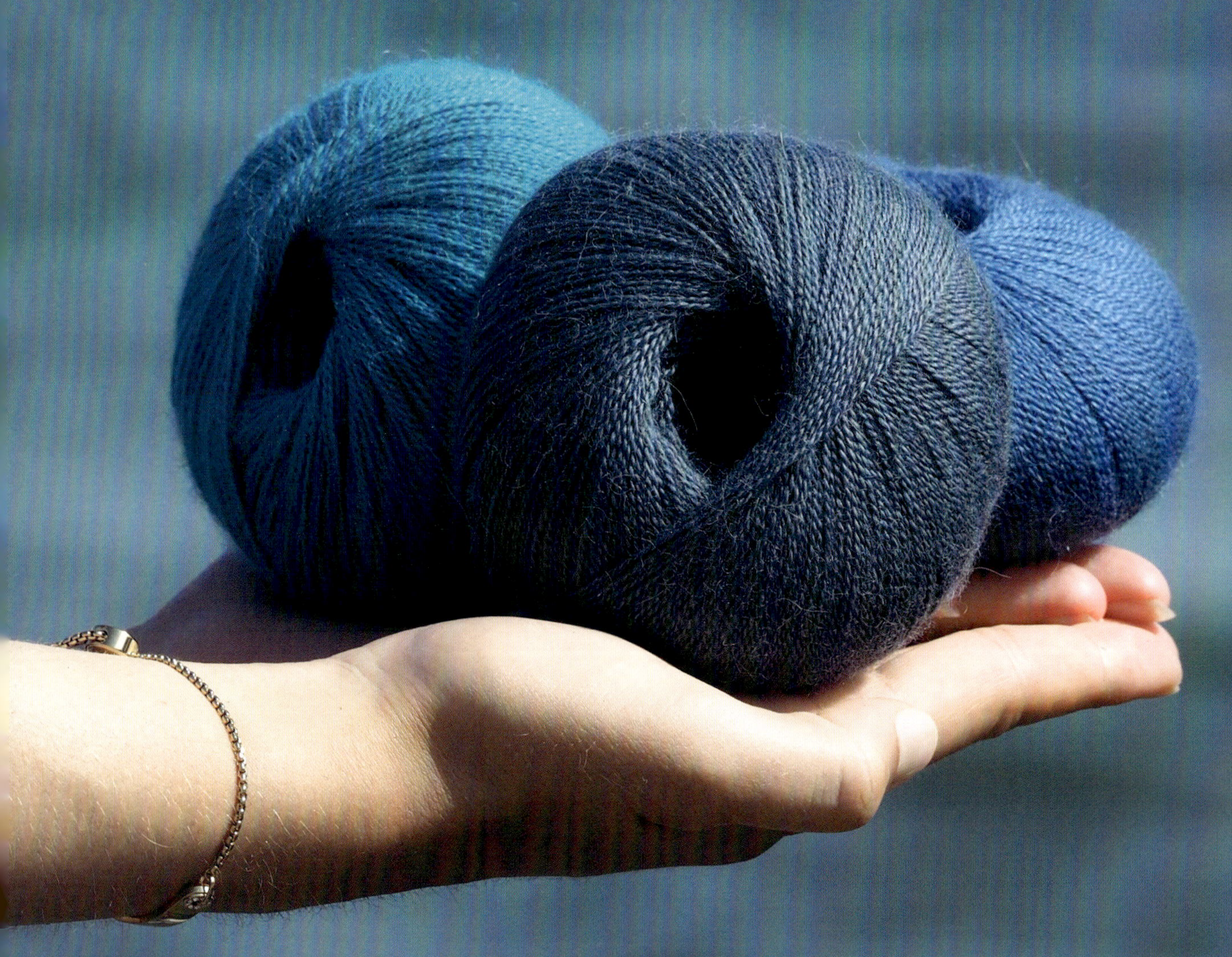

MASCHEN VORNE VERKREUZEN

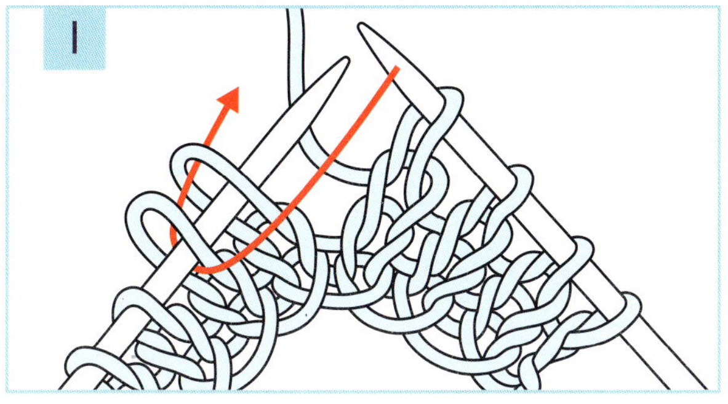

Mit der rechten Nadel in die erste und zweite Masche auf der linken Nadel einstechen …

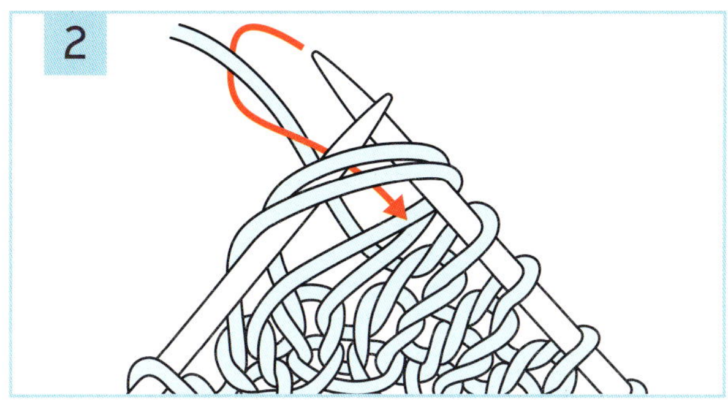

… und die Maschen rechts zusammenstricken, aber …

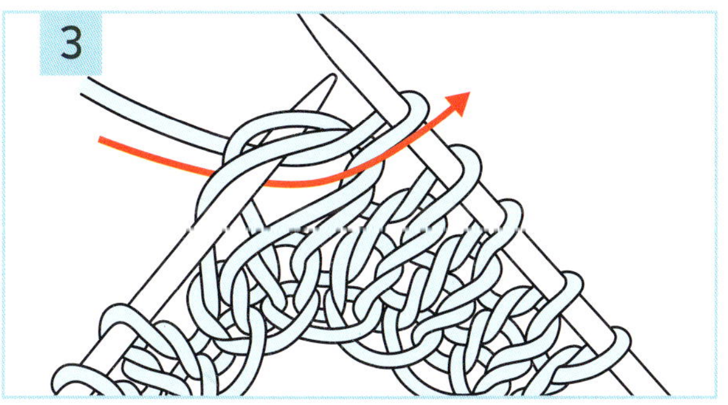

… beide Maschen erst noch auf der linken Nadel liegen lassen.

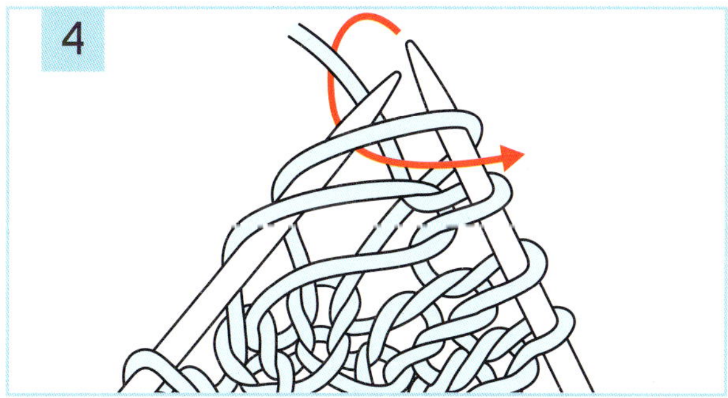

Die erste Masche auf der linken Nadel erneut rechts stricken …

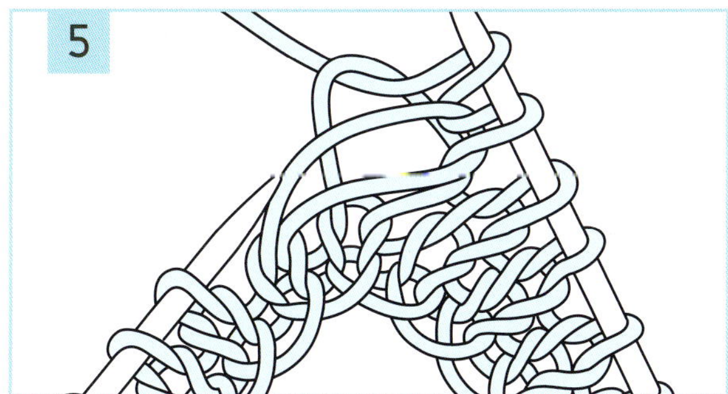

… und anschließend beide Maschen von der linken Nadel gleiten lassen.

MASCHEN HINTEN VERKREUZEN

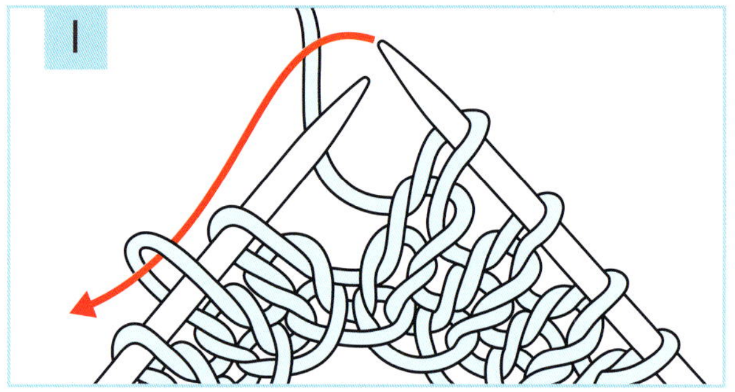

Die zweite Masche auf der linken Nadel verschränkt rechts stricken (also durch den hinteren Maschenschenkel einstechen), …

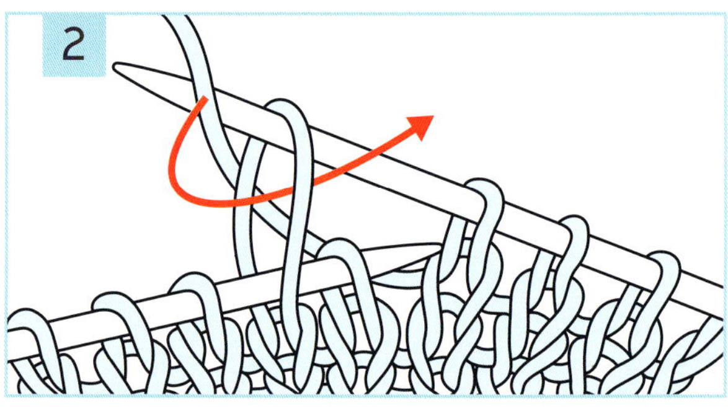

… dabei aber diese und die erste Masche noch auf der linken Nadel liegen lassen.

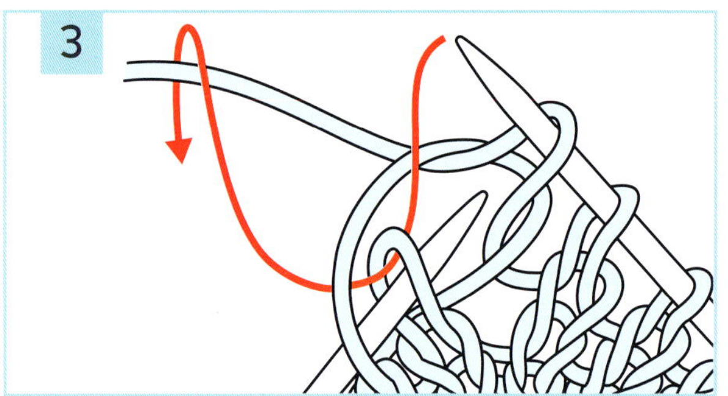

Mit der rechten Nadel nun verschränkt (also durch die hinteren Maschenschenkel) in beide Maschen einstechen …

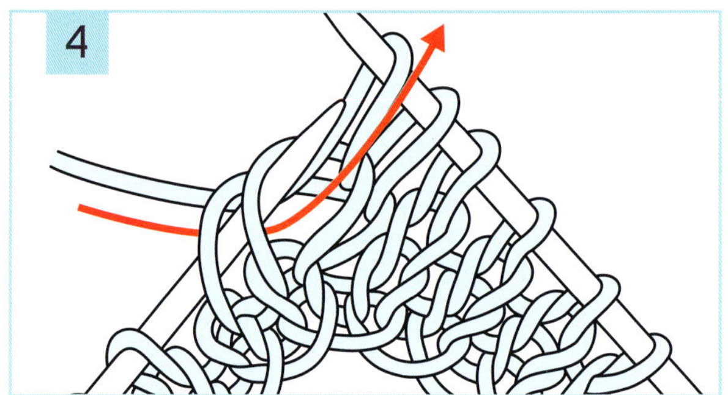

… und diese verschränkt zusammenstricken.

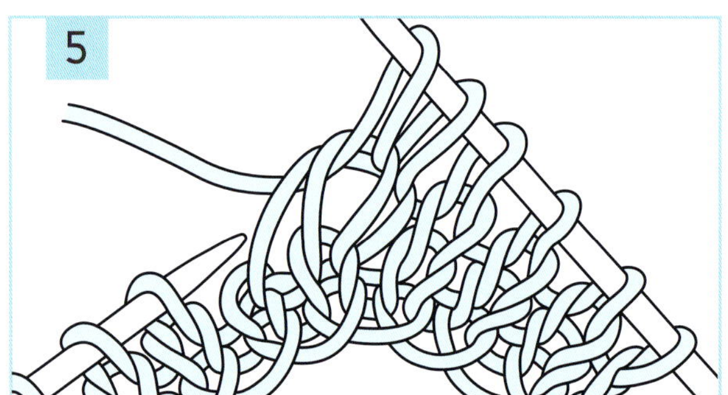

Beide Maschen von der linken Nadel gleiten lassen.

ZUNAHMEN

LINKS VERSCHRÄNKT AUS DEM QUERFADEN

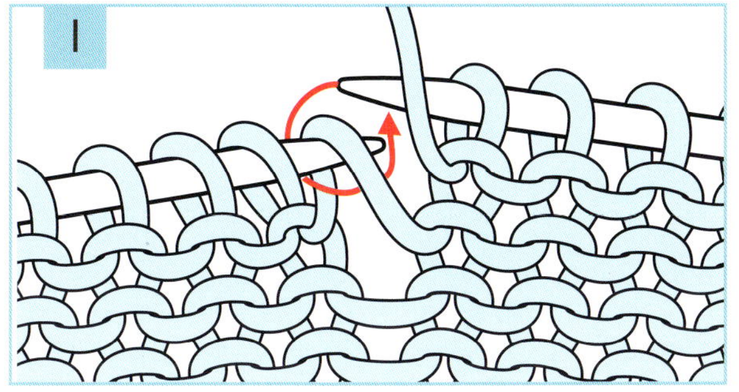

Den Arbeitsfaden vor die Arbeit holen. Den Querfaden zwischen zwei Maschen mit der linken Nadel von vorn nach hinten aufnehmen.

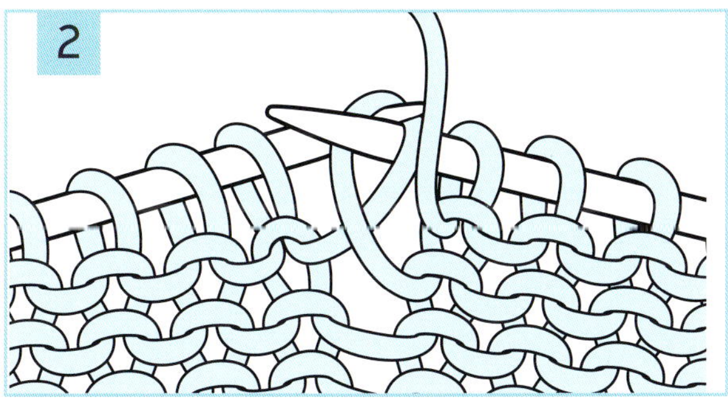

Mit der rechten Nadel von links nach rechts in den hinteren Maschenschenkel einstechen und den Querfaden links verschränkt (also durch den hinteren Maschenschenkel) abstricken.

RECHTS VERSCHRÄNKT AUS DEM QUERFADEN

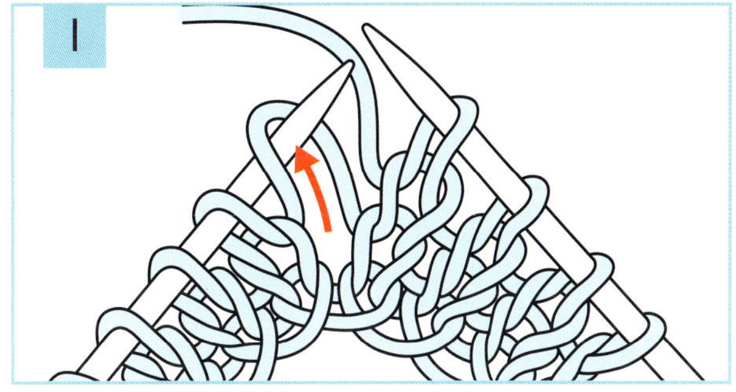

Mit der linken Nadel von hinten den Querfaden zwischen der rechten und linken Nadel aufnehmen.

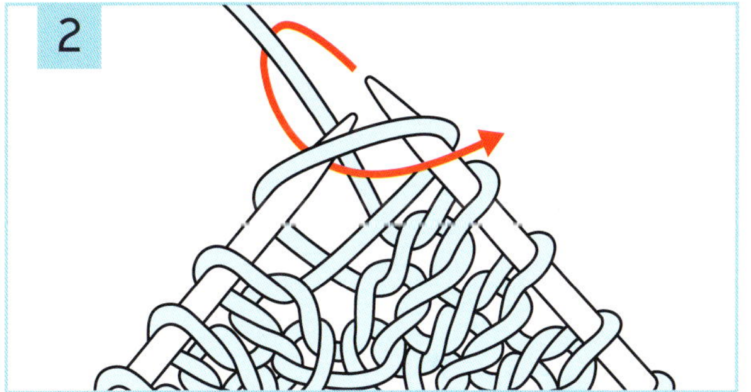

Diesen Querfaden normal rechts abstricken …

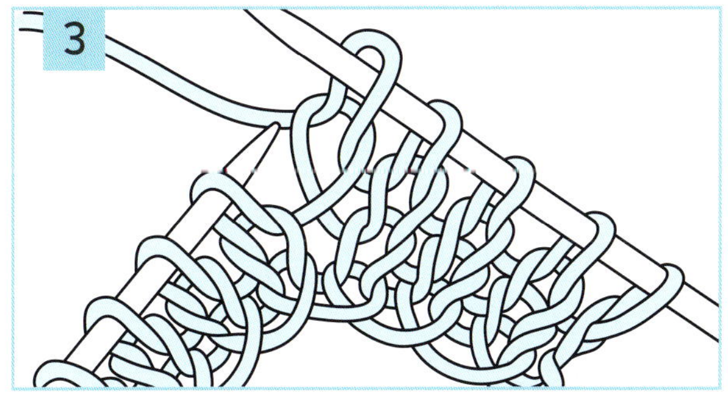

… und von der linken Nadel gleiten lassen.

ZWEI MASCHEN AUS EINER MASCHE RECHTS HERAUSSTRICKEN

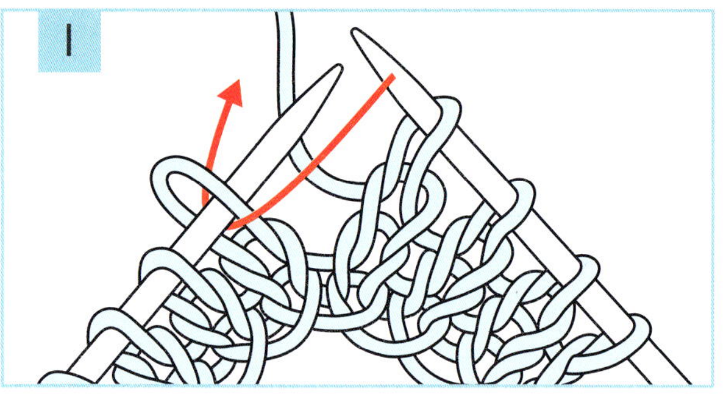

Mit der rechten Nadel wie zum Rechtsstricken in die nächste Masche einstechen …

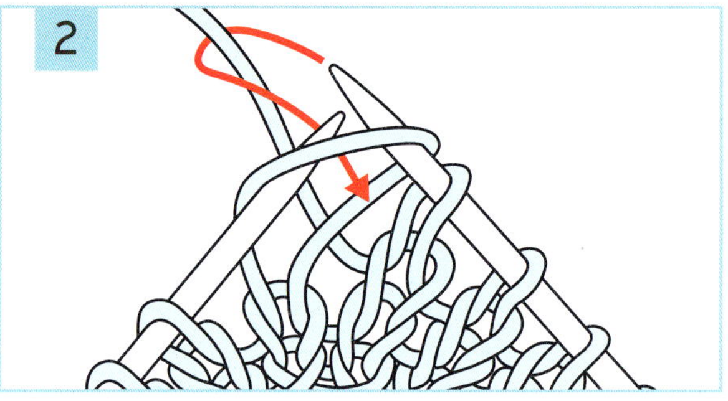

… und den Faden durchholen.

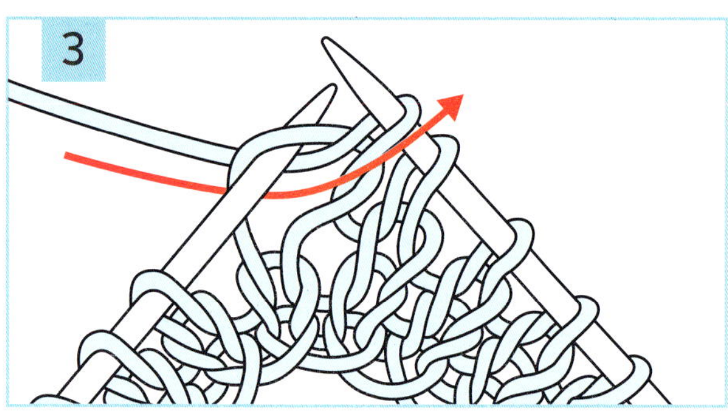

Die Masche aber noch nicht von der Nadel gleiten lassen, …

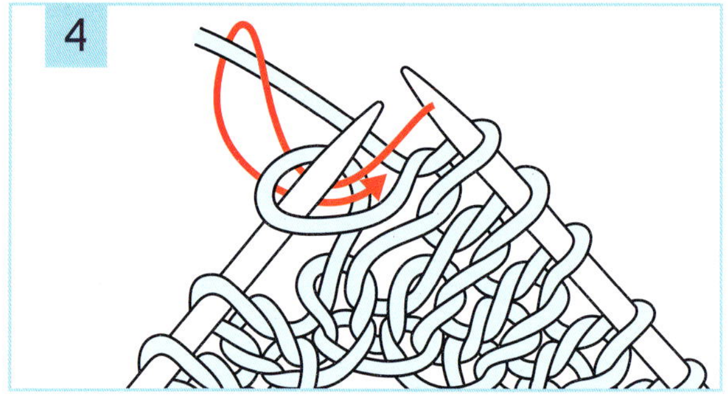

… sondern noch einmal verschränkt (also durch den hinteren Maschenschenkel) stricken.

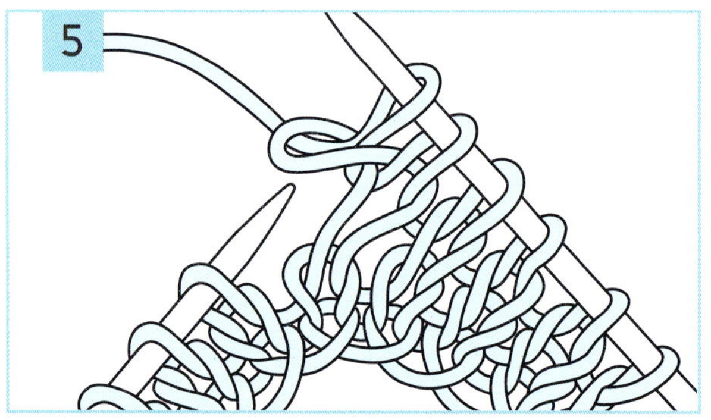

Die Masche dann von der linken Nadel gleiten lassen.

DREI MASCHEN AUS EINER MASCHE
Um drei Maschen aus einer Masche rechts herauszustricken, stichst du nach Schritt 4 nochmals in den vorderen Maschenschenkel wie zum normalen Rechtsstricken ein und lässt erst dann die Masche von der linken Nadel gleiten.

ABNAHMEN

MASCHEN RECHTS ZUSAMMENSTRICKEN

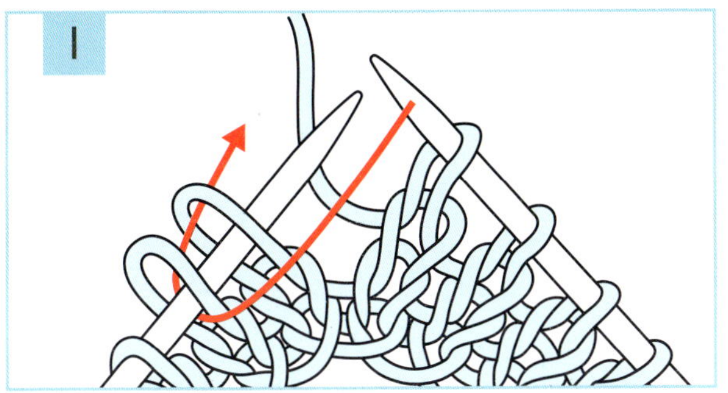

Führe die rechte Nadel von links nach rechts erst durch die übernächste, dann durch die nächste Masche auf der linken Nadel.

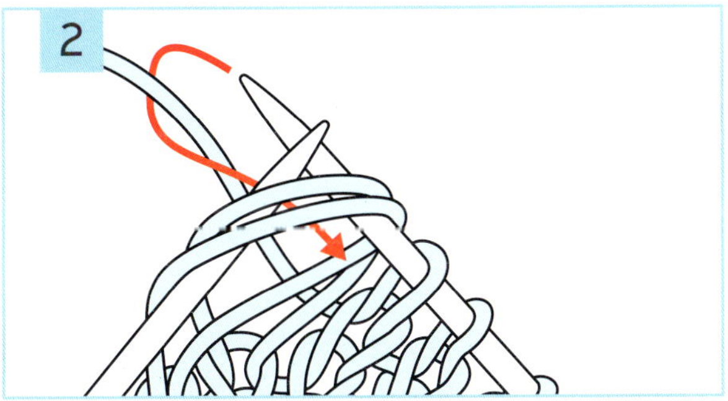

Hole den Arbeitsfaden wie zum Rechtsstricken durch.

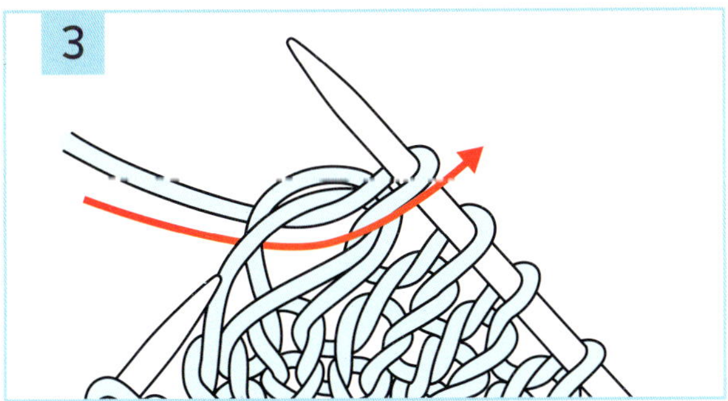

Lass beide Maschen von der linken Nadel gleiten. Auf diese Weise können natürlich auch drei oder mehr Maschen zusammengestrickt werden.

MASCHEN LINKS ZUSAMMENSTRICKEN

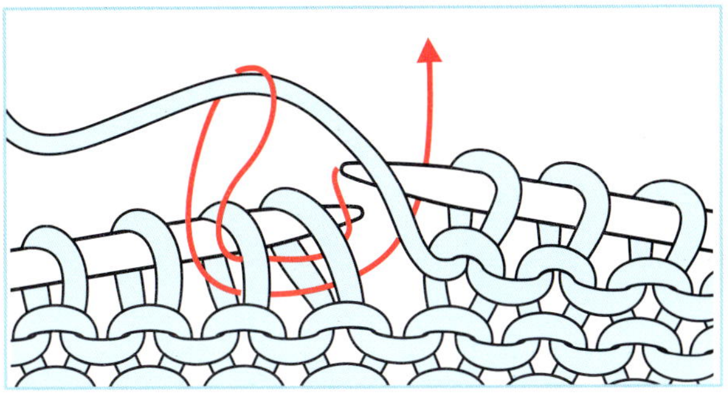

Führe die rechte Nadel von rechts nach links durch die ersten beiden Maschen auf der linken Nadel, hole den Arbeitsfaden wie zum Linksstricken durch und lass beide Maschen von der linken Nadel gleiten. Auf diese Weise kannst du auch drei oder mehr Maschen links zusammenstricken.

KORDELRAND

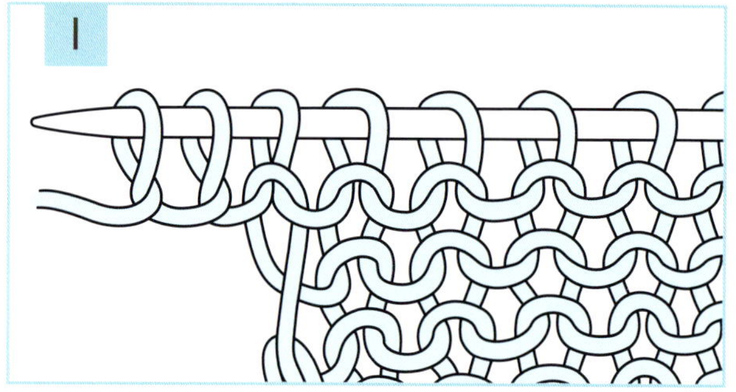

Am Ende der letzten Reihe werden zwei Maschen aufgeschlungen.

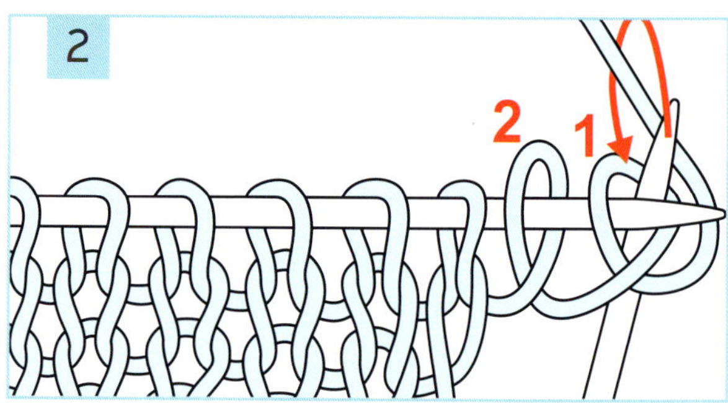

Arbeit wenden. Die gerade aufgeschlungenen beiden zusätzlichen Maschen rechts stricken.

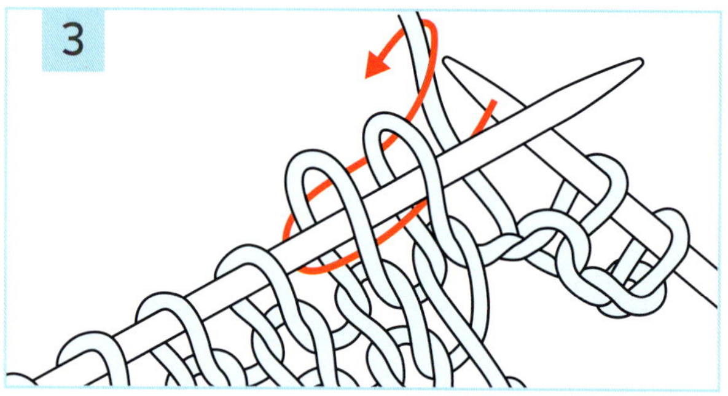

Die dritte und vierte Masche rechts verschränkt zusammenstricken und alle Maschen zurück auf die linke Nadel heben. Nun werden diese Maschen erneut abgestrickt:

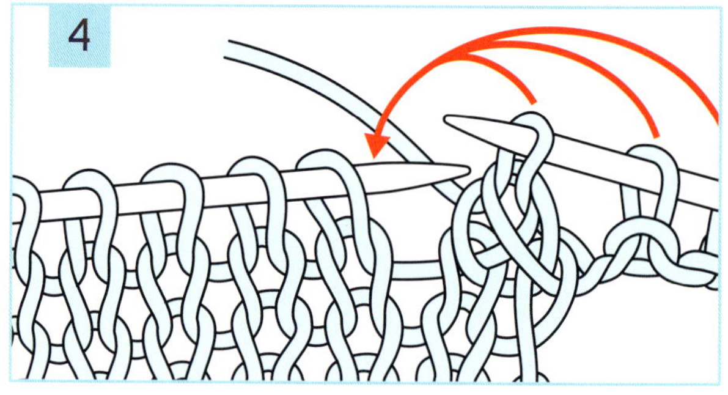

Die erste und zweite Masche rechts stricken, die dritte Masche mit der vierten Masche auf der linken Nadel rechts verschränkt zusammenstricken. Stets wiederholen.

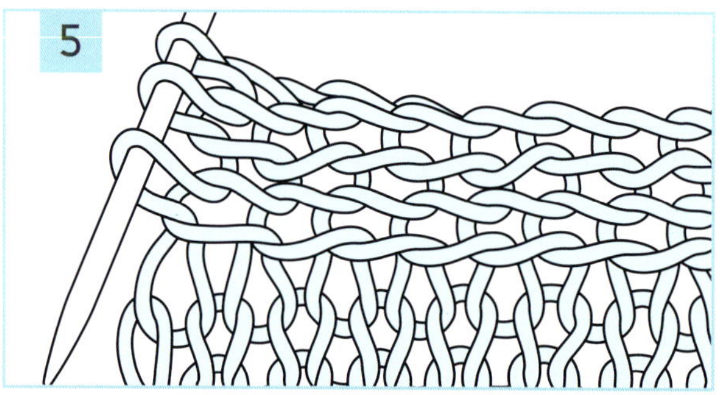

So sieht der fertige Kordelrand aus.

HINWEIS ZUM ABSCHLUSS DER KORDEL
Den Vorgang wiederholen, bis nur noch drei Maschen auf der linken Nadel sind. Eine Masche stricken, die zweite und dritte Masche verschränkt zusammenstricken und die zuerst gestrickte Masche über die letzte Masche heben. Den Arbeitsfaden durch die letzte Masche ziehen.

ELASTISCH ABKETTEN

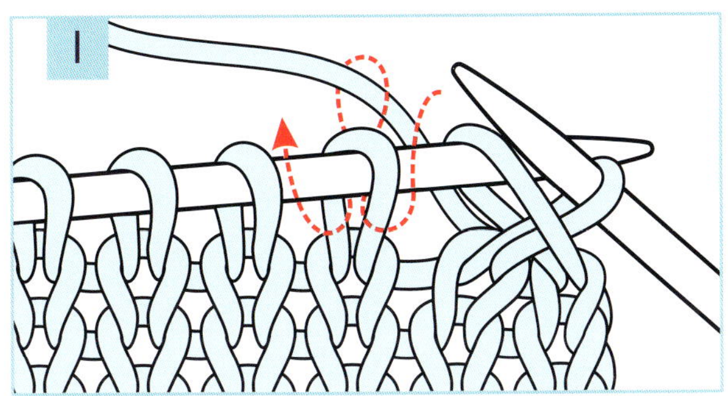

Folge den Anweisungen des normalen Abkettens durch Überziehen, aber lass die übergezogene Masche zunächst noch auf der linken Nadel liegen. Stricke daran vorbei die nächste Masche rechts.

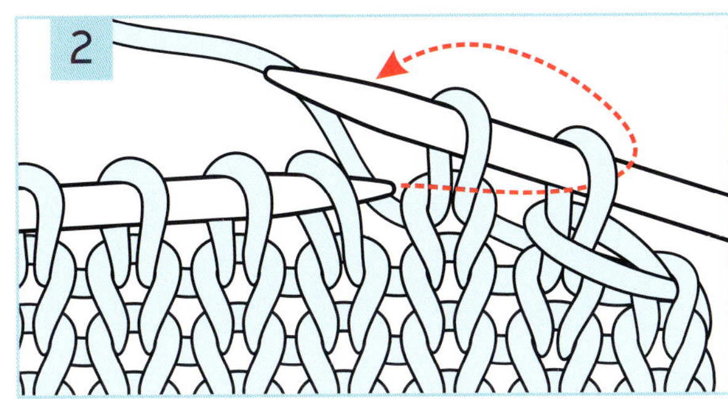

Lass die eben gestrickte Masche zusammen mit der noch auf der Nadel liegenden übergezogenen Masche von der Nadel gleiten.

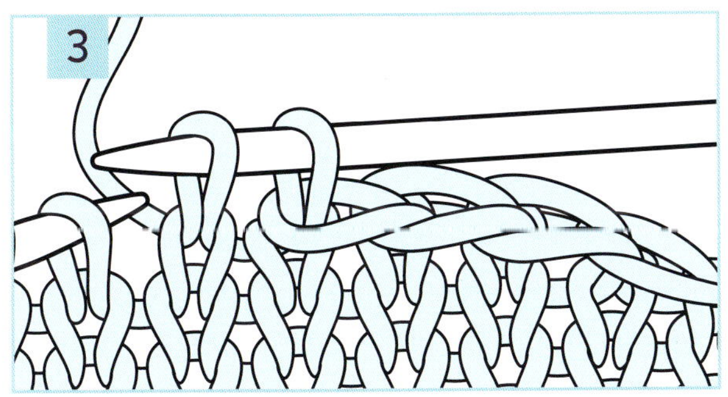

Wiederhole die Schritte aus 1 und 2 bis zum Ende. Dieser Trick hilft, lockerer abzuketten.

SCHWIERIGKEITSGRAD DER PROJEKTE

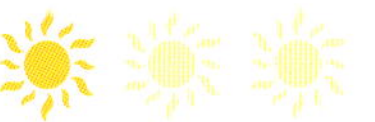 Einfach

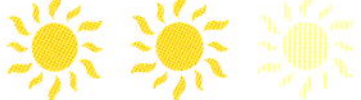 Für Geübte

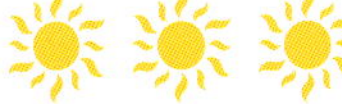 Etwas anspruchsvoller

ABKÜRZUNGEN

abh = abheben

anschl = anschlagen

abk = abketten

abn = abnehmen/Abnahme

Fb = Farbe(n)

FH = Faden hinter der Arbeit

FV = Faden vor der Arbeit

LL = Lauflänge

M = Masche(n)

Nd = Nadel(n)

QF = Querfaden

R = Reihe(n)

Rd = Runde(n)

str = stricken

U = Umschlag/Umschläge

wdh = wiederholen

zun = zunehmen/Zunahme

zus = zusammen

PROJEKTE

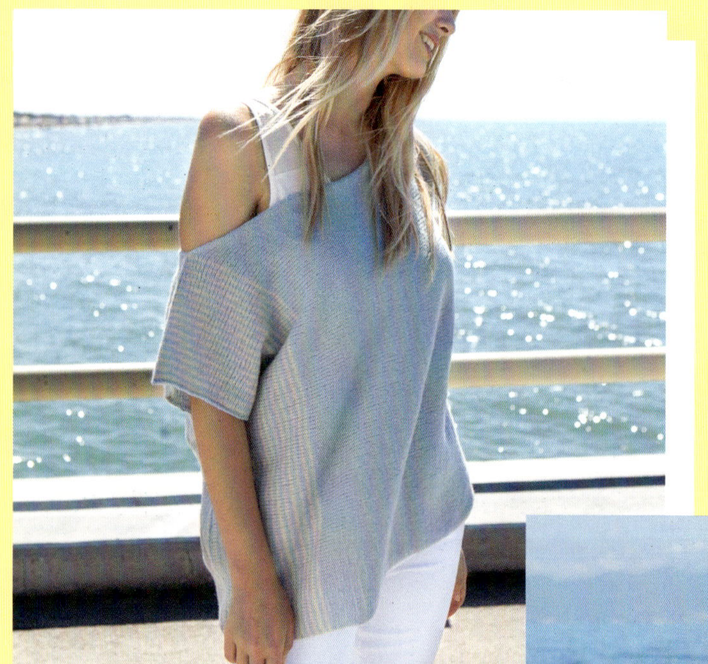

COSTANZA S. 62

MASSIMO S. 26

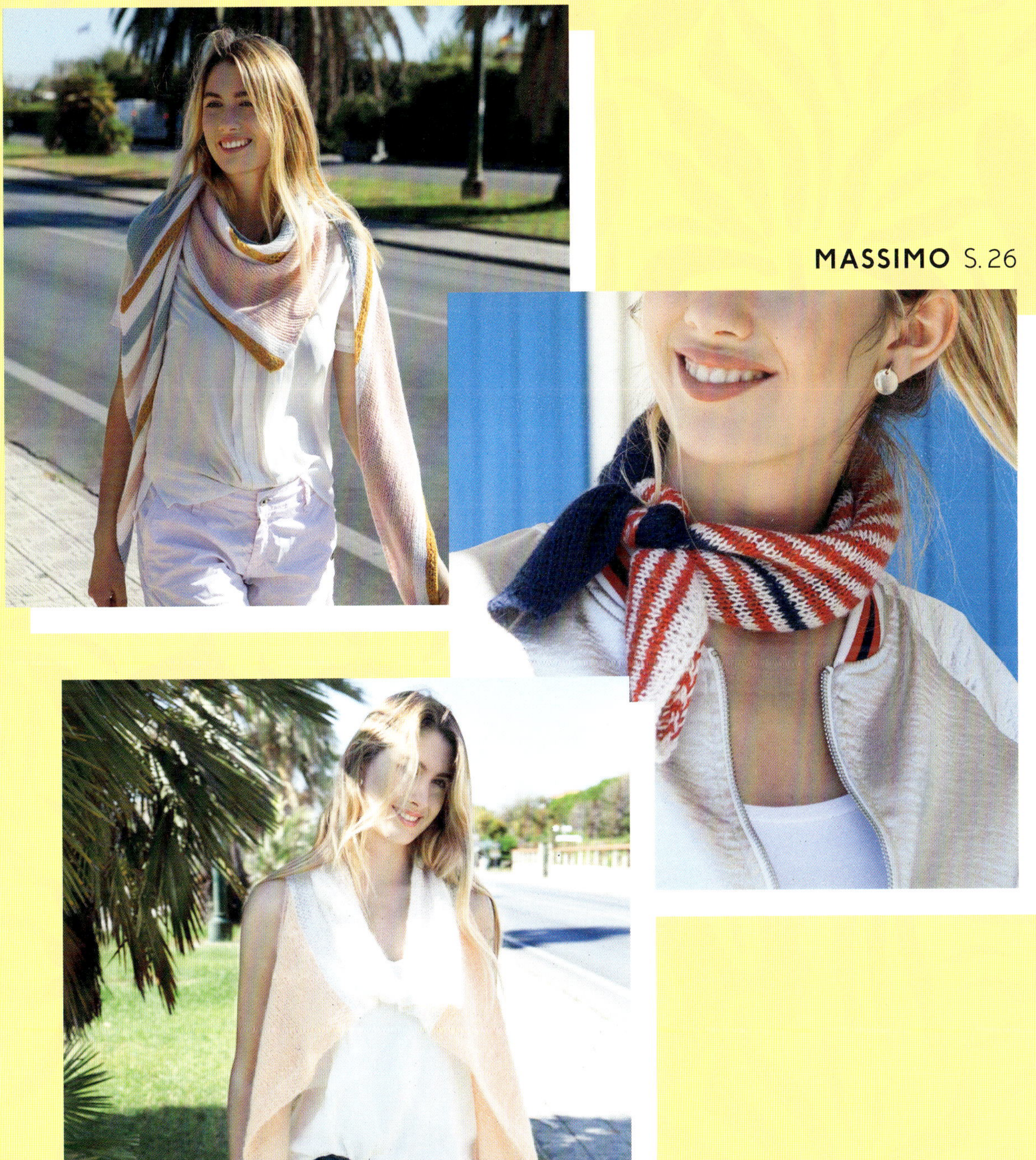

PISA S. 58

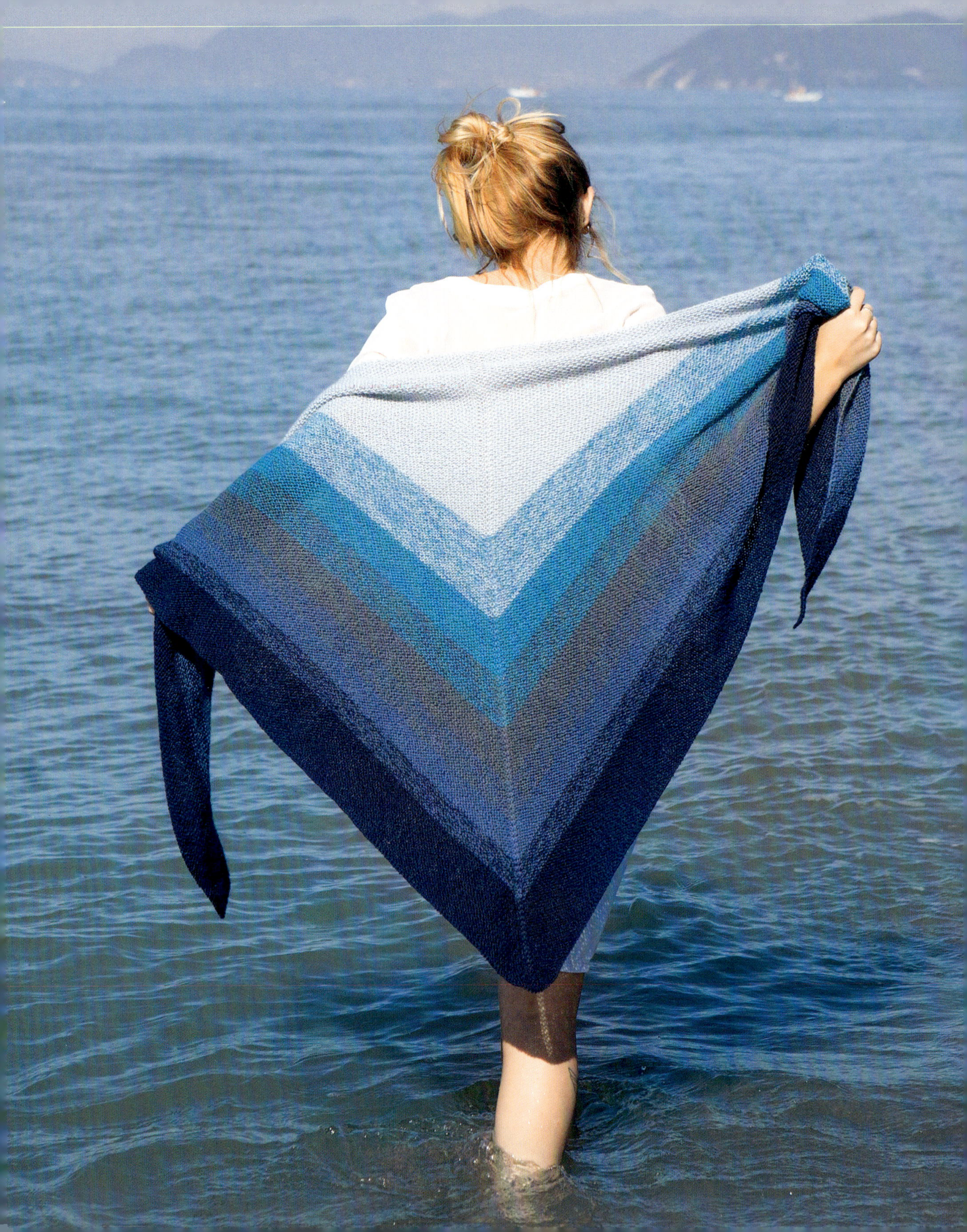

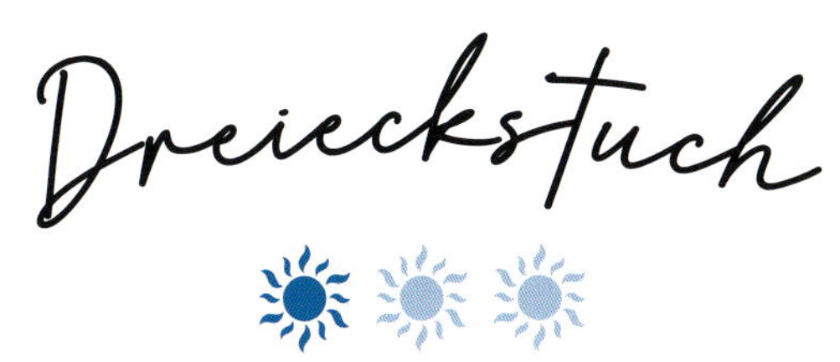

Trieste

Wunderschön und ganz einfach zu stricken! Diese tolle Kombination bietet das Dreieckstuch Trieste, das mit seiner Schönheit dem Meer große Konkurrenz macht.

BASICS

GRÖSSE
ca. 200 cm an der langen Seite und ca. 95 cm von der langen Seite zur Spitze

GRUNDMUSTER
Kraus rechts:
Alle M in den Hin-R und in den Rück-R rechts str.

Rand-M:
Knötchen-Rand: immer rechts str.

MASCHENPROBE
10 cm x 10 cm im Grundmuster gestrickt mit Nd-Stärke 4,0 mm, gewaschen und gespannt: 20 M x 40 R

STRICKWEISE
Der Fb-Verlauf entsteht durch die Mischung der verschiedenen Fb von hell nach dunkel. Das Tuch wird zweifädig gestrickt. Beim Stricken mit einem Knäuel kann der Faden von innen und außen genommen werden.

MATERIAL

- Lamana Piura (100% Alpaka, LL 400 m/50 g) in fünf Fb-Abstufungen: Taubenblau (Fb 36), 50 g, Karibikblau (Fb 45), 50 g, Basaltblau (Fb 46), 50 g, Jeans (Fb 12), 50 g und Marine (Fb 11), 100 g
- Rundstricknadel 4,0 mm (80 oder 100 cm Länge)
- Wollnadel

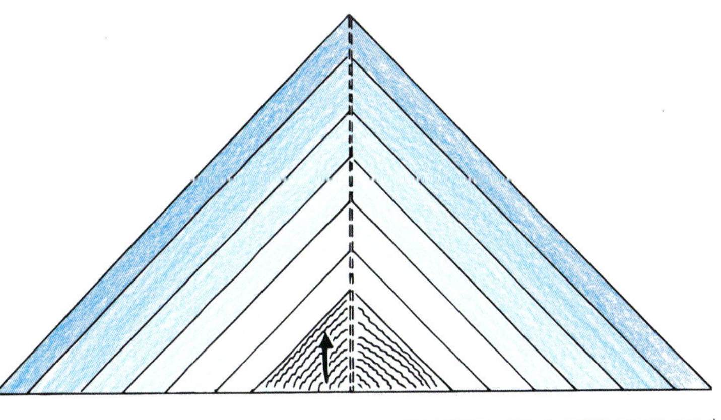

Anleitung

5 M in Taubenblau mit doppeltem Faden anschl, in der Rück-R alle M rechts str, die folgenden R wie folgt str:

1. Hin-R: 1 M rechts str, 2 M aus 1 M herausstr, 1 M rechts str, wieder 2 M aus 1 M herausstr und 1 M rechts str [7 M].

In der ersten Rück-R und allen weiteren Rück-R alle M immer rechts str.

2. Hin-R: 1 M rechts str, 2 x 2 M aus 1 M herausstr, 1 M rechts str, 2 x 2 M aus 1 M herausstr und 1 M rechts str [11 M].

3. Hin-R: 1 M rechts str, 2 M aus 1 M herausstr, 2 M rechts str, 2 M aus 1 M herausstr, M-Markierer setzen und 1 M rechts str, 2 M aus 1 M herausstr, 2 M rechts str, 2 M aus 1 M herausstr und 1 M rechts str [15 M].

4. Hin-R: 1 M rechts str, 2 M aus 1 M herausstr, 4 M rechts str, 2 M aus 1 M herausstr, M-Markierer überheben, 1 M rechts str, 2 M aus 1 M herausstr, 4 M rechts str, 2 M aus 1 M herausstr und 1 M rechts str [19 M].

5. Hin-R und alle weiteren Hin-R: 1 M rechts str, 2 M aus 1 M herausstr, alle M rechts str bis 1 M vor M-Markierer, dann 2 M aus 1 M herausstr, M-Markierer überheben, 1 M rechts str, 2 M aus 1 M herausstr, alle M rechts str bis 2 M vor R-Ende, dann 2 M aus 1 M herausstr und 1 M rechts str.

Die Zun (immer 4 M pro Hin-R) werden während des gesamten Tuchs beibehalten. Insgesamt 91 R (inklusive der ersten Rück-R) in Taubenblau str. Ab jetzt immer den ersten Teil einer Fb mit zwei Fäden verschiedener Fb str, dann mit zwei Fäden derselben Fb str. So entsteht der Verlauf.

Fb 36/45: 30 R

Fb 45: 20 R

Fb 45/46: 18 R

Fb 46: 18 R

Fb 46/12: 14 R

Fb 12: 14 R

Fb 12/11: 14 R

Fb 11: 40 R (zum Abk werden ca. 5 g in Marine (Fb 11) benötigt).

FERTIGSTELLUNG

In der nächsten R alle M elastisch abk. Jetzt alle Fäden vernähen, das Tuch vorsichtig nach Herstellerangaben waschen, liegend trocknen und dabei etwas in Form spannen.

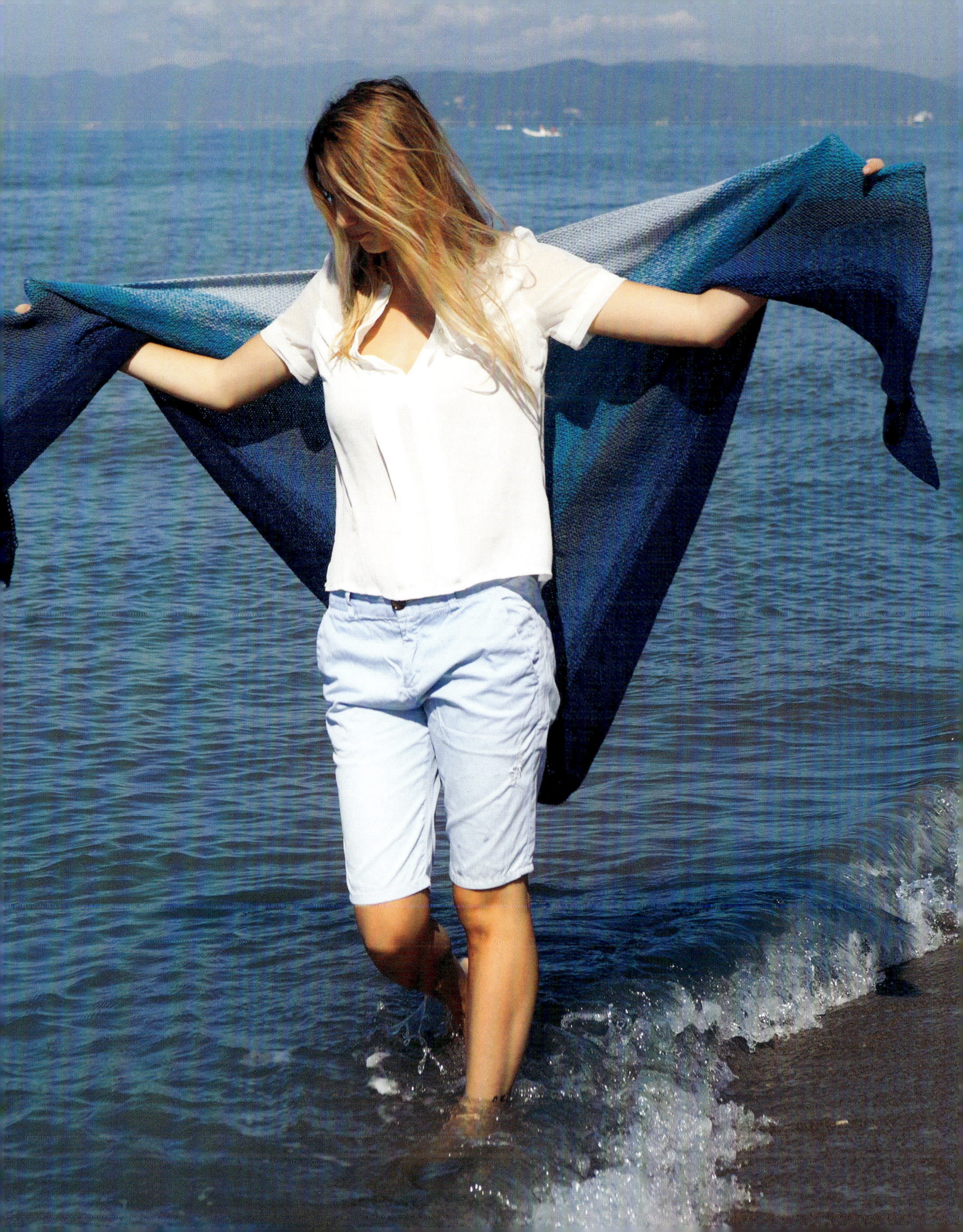

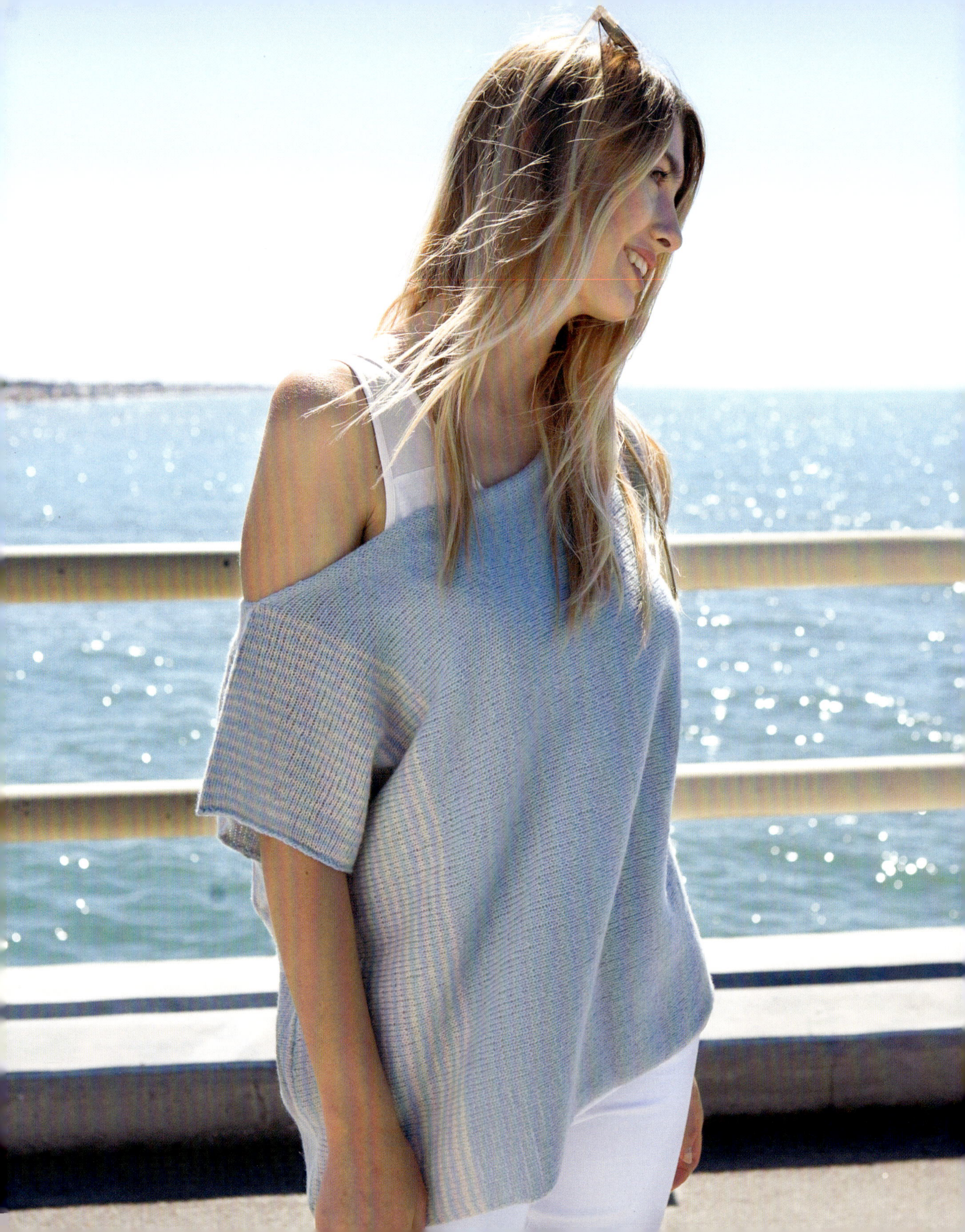

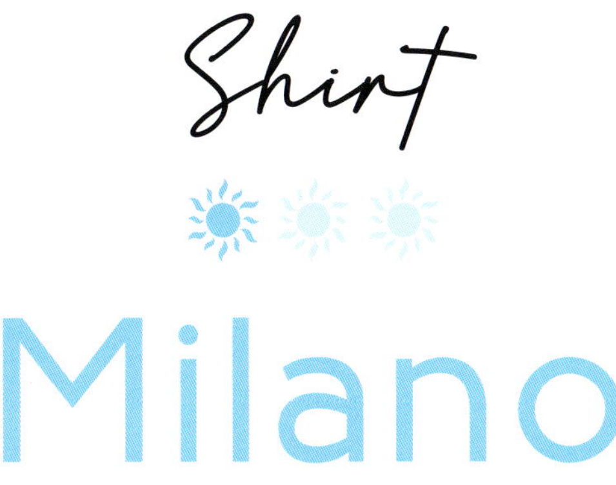

Milano

Es ist immer wieder spannend, wie herrlich raffiniert das Spiel mit Farben sein kann! Die seitlichen Streifen wirken leicht transparent, die unifarbene Mitte zaubert einen ruhigen Mittelpunkt, und dank der Kastenform ist Milano ein absolutes Wohlfühl-Shirt.

BASICS

GRÖSSE
S (M/L/XL)

GRUNDMUSTER
Glatt rechts in R:
in allen Hin-R alle M rechts str, in allen Rück-R alle M links str.

Rand-M (solange nicht anders beschrieben) als Knötchenrand:
in allen R immer rechts str.

MASCHENPROBE
10 cm x 10 cm glatt rechts gestrickt mit Nd-Stärke 3,0 mm, gewaschen und gespannt: 25 M x 40 R

STRICKWEISE
Das Shirt wird in einem Stück von links nach rechts in Kastenform gestrickt.

MATERIAL

- Lamana Milano (90% Merino Superfein, 10% Kaschmir, LL 180 m/25 g) in Taubenblau (Fb 36), 100 (125/150/175) g, in Seidengrau (Fb 03), 50 (50/75/75) g
- Rundstricknadel 3,0 mm (80 cm Länge)
- Wollnadel

Strickrichtung →

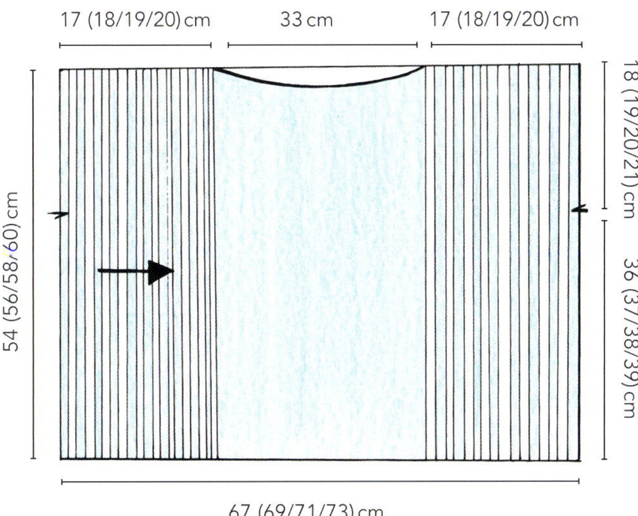

Anleitung

266 (276/286/296) M mit doppeltem Faden in Taubenblau anschl, dann einfädig weiter str. In der ersten Rück-R 133 (138/143/148) M links str, einen M-Markierer setzen und die zweiten 133 (138/143/148) M links str.

STREIFENTEIL I

1. Streifen: Eine Hin-R und eine Rück-R in Seidengrau im Grundmuster str.

2. Streifen: Eine Hin-R und eine Rück-R in Taubenblau im Grundmuster str.

Den ersten und zweiten Streifen immer wdh. Nach ca. 17 (18/19/20) cm im Streifenmuster oder je 17 (18/19/20) Streifen pro Fb mit dem Hauptteil beginnen.

HAUPTTEIL

Im Hauptteil werden Vorder- und Rückteil getrennt gestrickt, so entsteht der Halsausschnitt.

In einer Hin-R zur Haupt-Fb Taubenblau wechseln, 133 (138/143/148) M im Grundmuster (für das Vorderteil) str und die nächsten 133 M für das Rückteil stilllegen. In der ersten Rück-R 1 M links abk und weiter im Grundmuster str.

Die Rand-M ändert sich am Halsausschnitt: In den Hin-R M und U rechts str, in den Rück-R M links mit 1 U abh.

In den nächsten drei Rück-R jeweils die 3. und 4. M links zus str [129 (134/139/144) M].

Ca. 27 cm weiter str, bis der Halsausschnitt 30 cm misst, dann für die Schulterpartie gegengleich wieder zun: in einer Hin-R bis zu den letzten 2 M str, dann 1 M rechts verschränkt zun. Diese Hin-R noch 2x wdh [132 (137/142/147) M].

Die M des Vorderteils nach 33 cm stilllegen und das Rückteil str.

Das Rückteil 33 cm im Grundmuster in der Haupt-Fb Taubenblau str. Die Rand-M am Halsausschnitt in den Hin-R rechts str, in den Rück-R immer links mit 1 U abh.

STREIFENTEIL 2

Den 2. Streifenteil mit dem Vorderteil beginnen und in der Hin-R nach 132 (137/142/147) M 1 M anschl, die M des Rückenteils str. In der folgenden Rück-R über alle M im Grundmuster links str. Den Streifenteil wieder über 17 (18/19/20) Streifen je Fb str. Nach dem 17. (18./19./20.) Streifen in Taubenblau alle M locker abk. Damit der Rand an beiden Ärmeln gleich wirkt, nur einfädig abk.

FERTIGSTELLUNG

Die Seitennähte auf einer Länge von 36 (37/38/39) cm (von unten gemessen) im Matratzenstich schließen.

Zum Schluss alle Fäden vernähen, das Shirt vorsichtig nach Hersteller-Empfehlung waschen, liegend trocknen lassen und eventuell etwas in Form spannen.

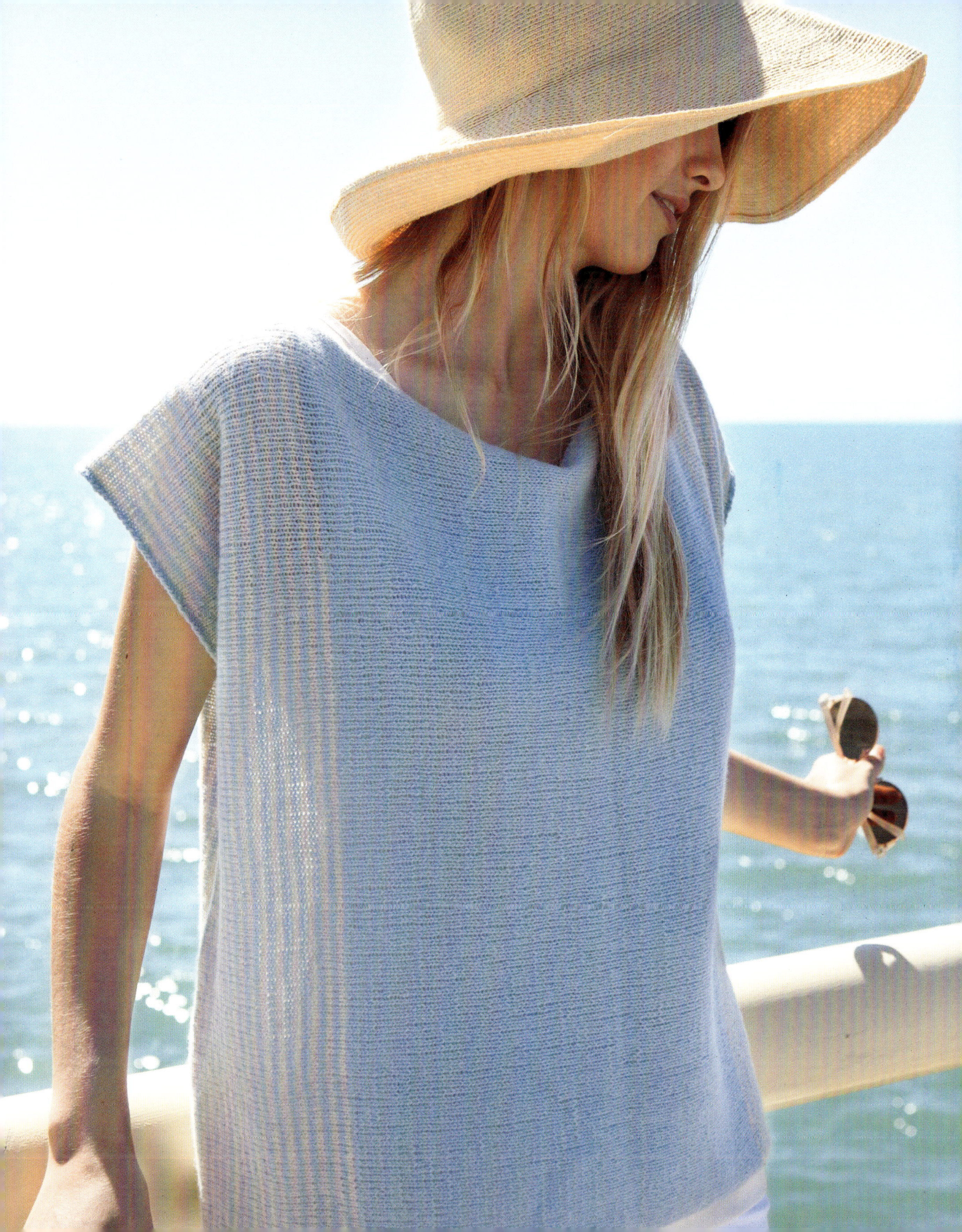

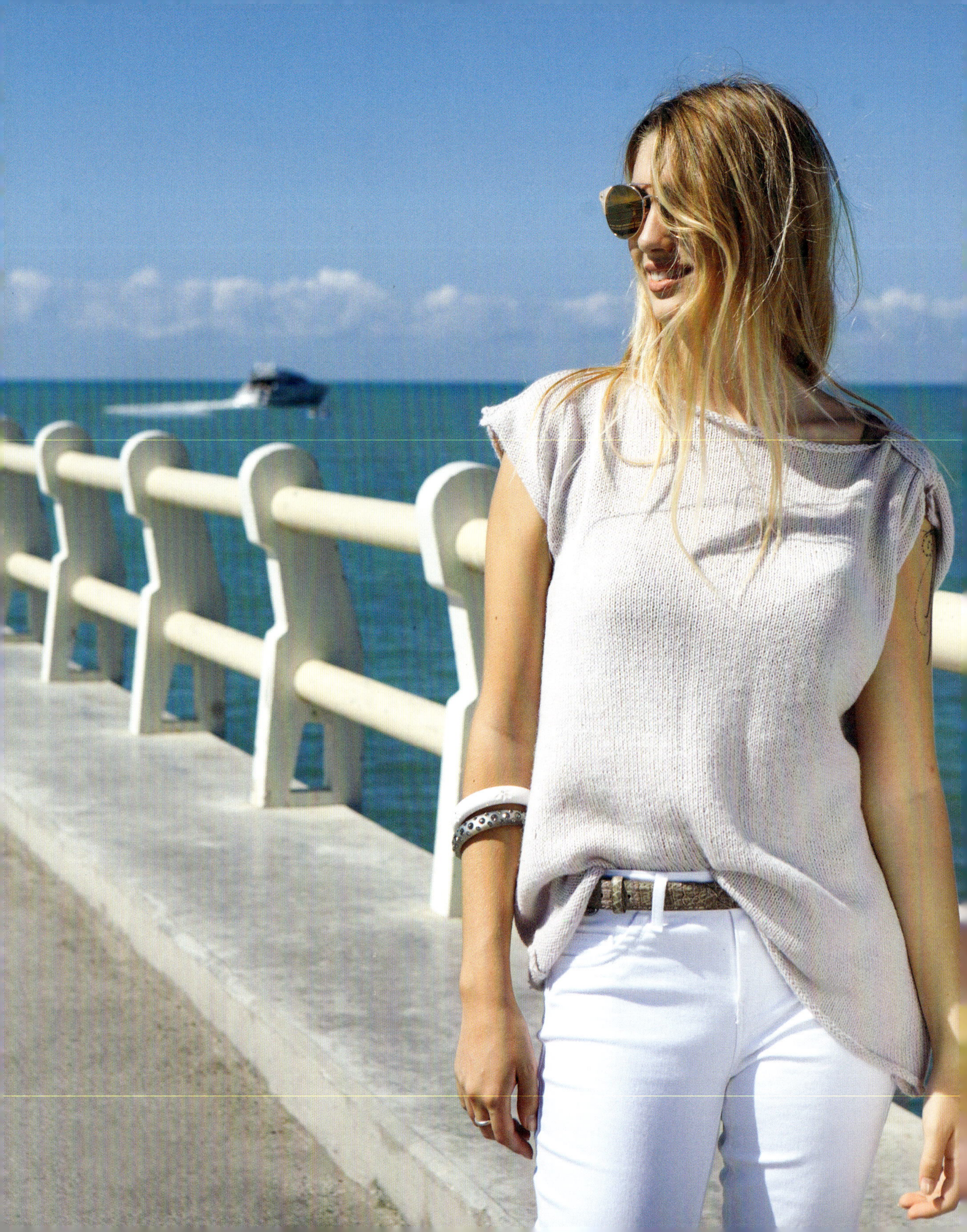

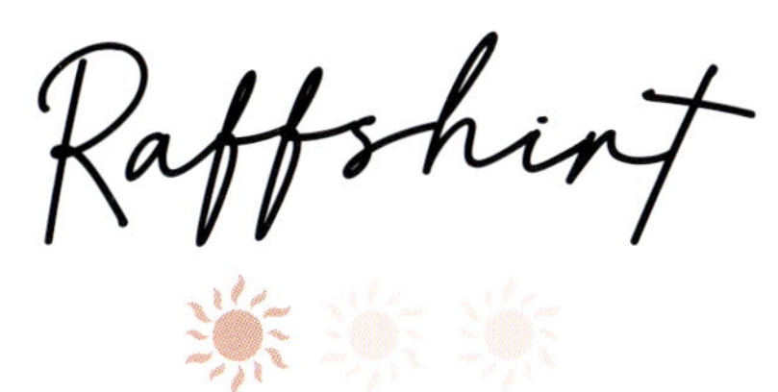

Impero

Das Shirt ist so unglaublich einfach zu stricken und wirkt so cool und edel, das MUSS man einfach im Schrank haben. Understatement pur und die Garantie für das perfekte Outfit!

BASICS

GRÖSSE
S (M/L/XL)

GRUNDMUSTER
Glatt rechts in R:
in allen Hin-R alle M rechts str, in allen Rück-R alle M links str.

Rand-M als Knötchenrand:
in allen R immer rechts str.

MASCHENPROBE
10 cm x 10 cm glatt rechts doppelfädig gestrickt mit Nd-Stärke 4,5 mm, gewaschen und gespannt: 22 M x 32 R

STRICKWEISE
Das gesamte Shirt wird mit doppeltem Faden gestrickt, die geraffte Schulter kann rechts oder links getragen werden

MATERIAL

- Lamana Piura (100% Alpaka, LL 400 m/50g) in Rosenquarz (Fb 62), für Größe S 200g (für Größe M und L 250g und für Größe XL 300g)
- Rundstricknadel 4,5 mm (80 cm Länge)
- Wollnadel

Strickrichtung →

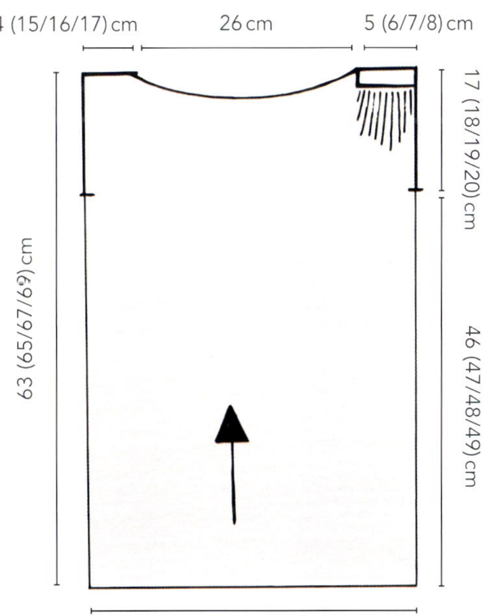

Anleitung

VORDERTEIL

130 (134/138/142) M anschl und in der Rück-R alle M links str. Ca. 63 cm im Grundmuster gerade hoch str und dann in einer Hin-R alle M locker abk.

RÜCKTEIL

Das Rückteil wie das Vorderteil str.

STEG

Für die Raffung an der Schulter wird ein Steg gestrickt: dafür 8 M anschl und 28 (32/36/40) R gerade hoch str, dann alle M abk.

FERTIGSTELLUNG

Nun werden alle Nähte im Matratzenstich geschlossen.

Rechte und linke Schulter:
14 (15/16/17) cm (von der Seite zur Mitte) zusammennähen.

Rechte und linke Seitennaht:
46 (47/48/49) cm (von unten nach oben) zusammennähen.

Zum Schluss alle Fäden vernähen, das Shirt vorsichtig nach Hersteller-Empfehlung waschen und liegend trocknen lassen. Den Steg um eine Schulternaht legen und zum Ring zusammennähen.

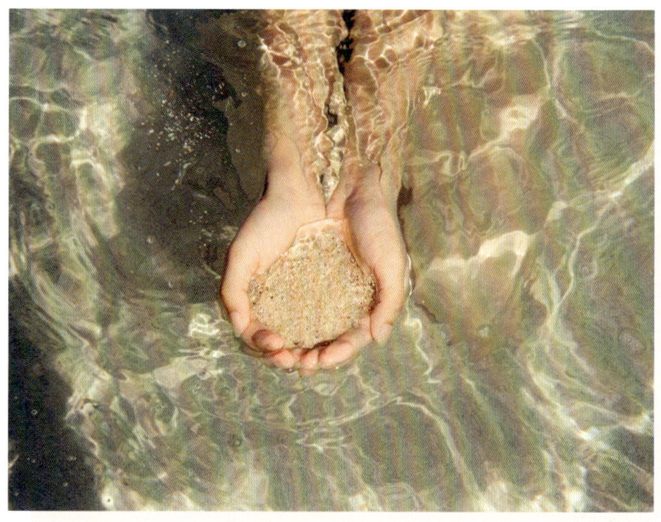

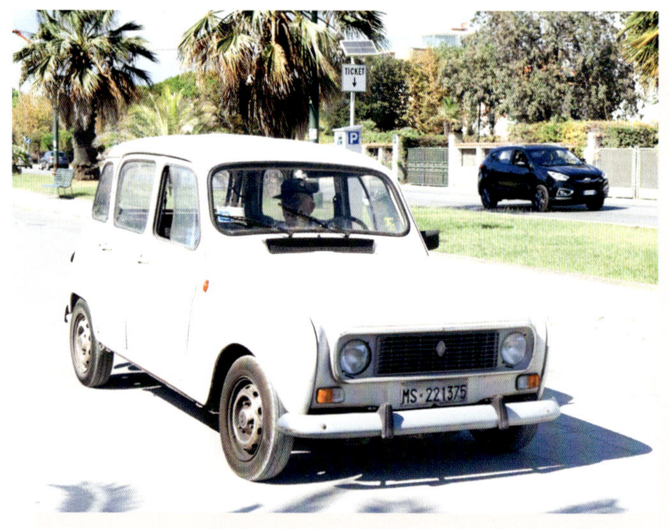

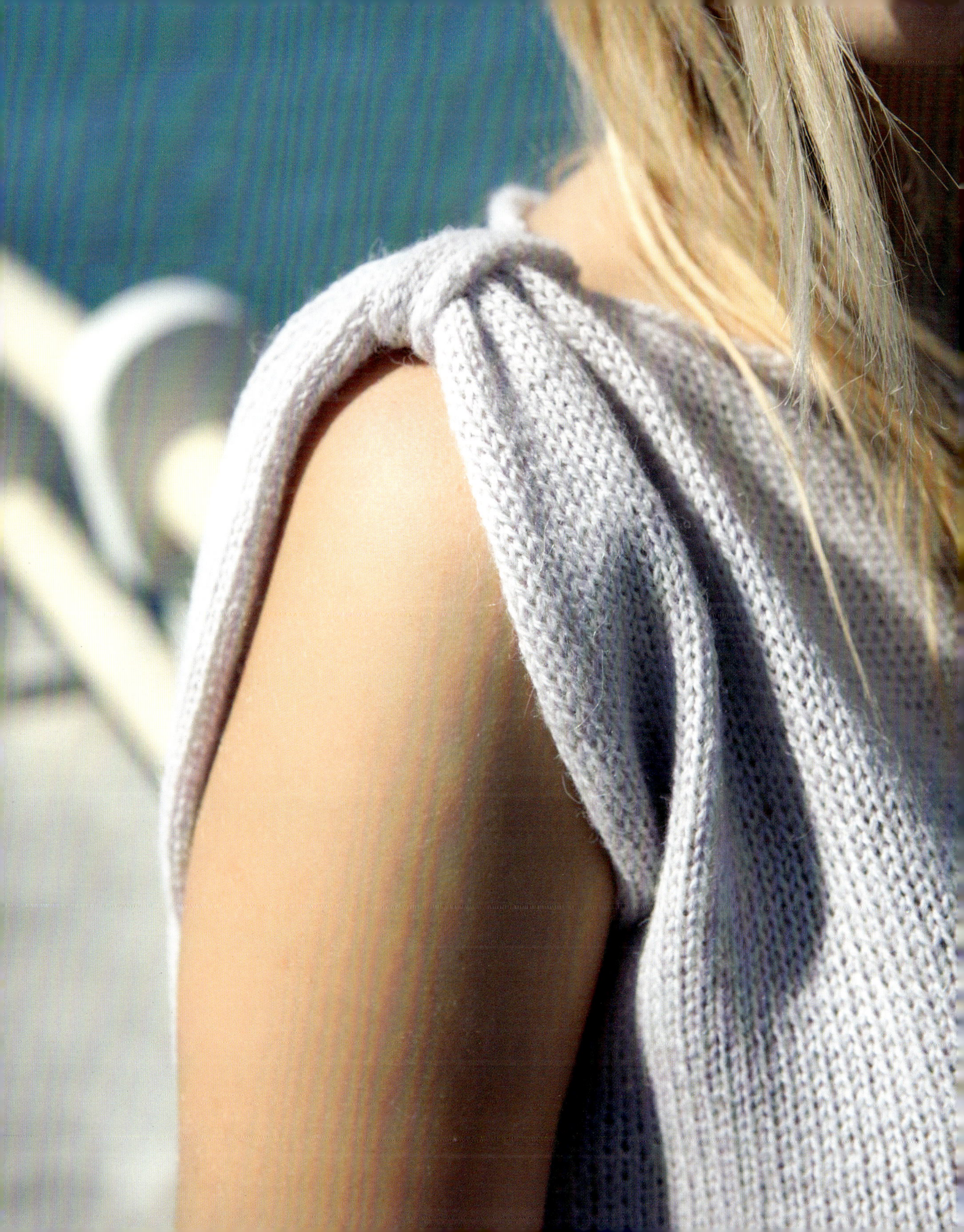

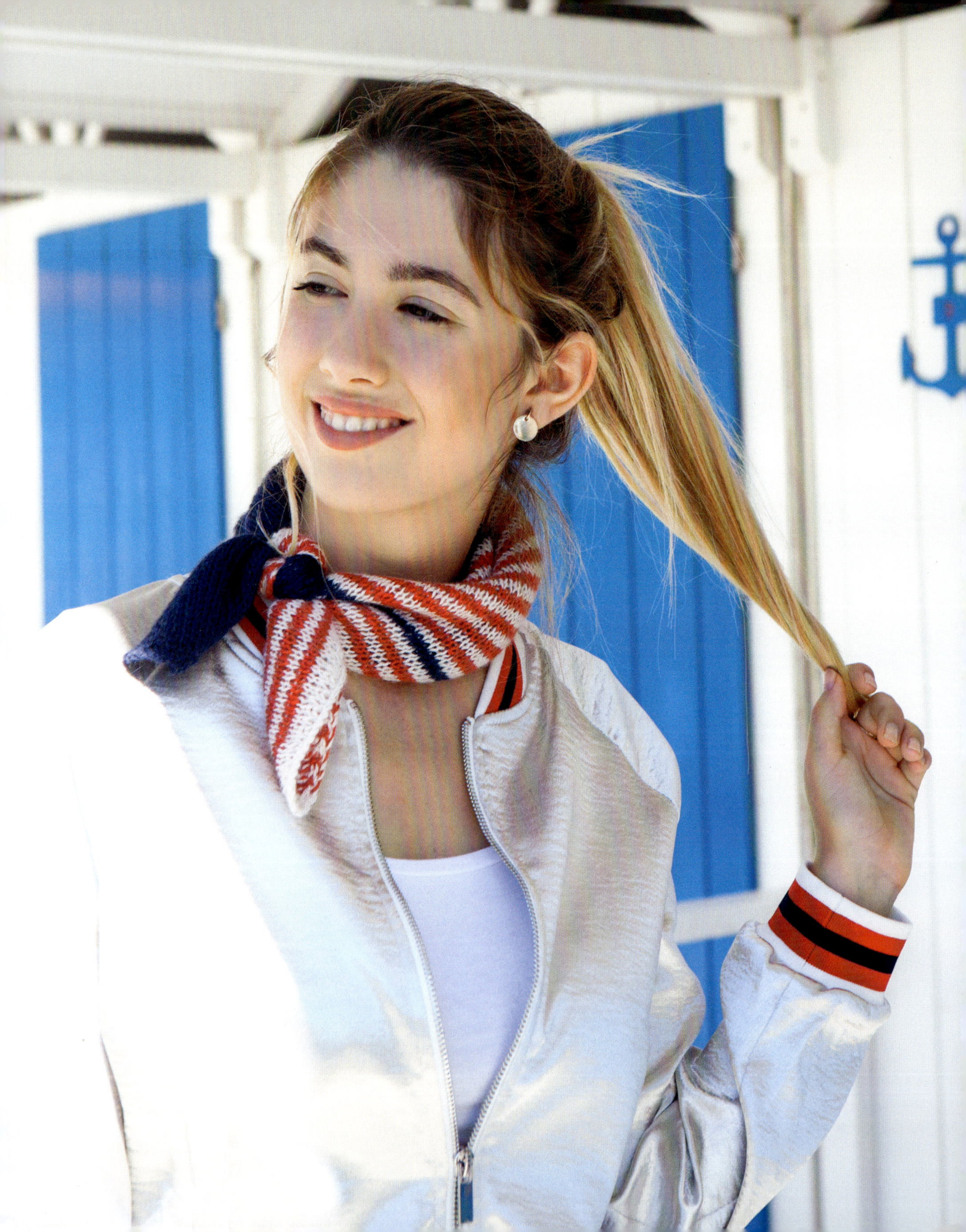

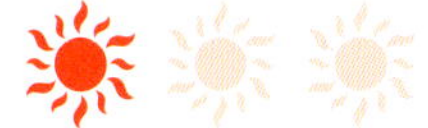

Nickituch

Massimo

Ein Nickituch ist ein echter Klassiker, den sollte es unbedingt auch in Strick geben. Das kleine Tüchlein ist nicht nur schnell gestrickt, es passt super zu ganz vielen Outfits: Cool zum Shirt oder schick zur Bluse – ein echter Alleskönner!

BASICS

GRÖSSE

49 cm x 49 cm

GRUNDMUSTER

Glatt rechts in R mit Rand-M:

Hin-R: Die M mit U zus str, alle anderen M rechts str.

Rück-R: 1 M links mit U abh, 1 M links str, 1 M links mit U abh, alle weiteren M links str bis 3 M vor Ende, dann 1 M links mit U abh, 1 M links str und 1 M links mit U abh.

BÜNDCHENMUSTER

Hin-R:

Alle M rechts str, dabei die U mit der jeweiligen M zus str.

Rück-R:

*1 M links mit U abh, 1 M links str *, von * bis * immer wdh, bis 1 M vor R-Ende, dann 1 M links mit U abh.

MASCHENPROBE

10 cm x 10 cm im Grundmuster gestrickt mit Nd-Stärke 4,0 mm, gewaschen und gespannt: 19 M x 27 R

STRICKWEISE

Das gesamte Nickituch wird doppelfädig gestrickt, kann aber mit geänderter M-Zahl und Nd-Größe auch mit einem Faden gestrickt werden.

MATERIAL

- Lamana Piura (100% Alpaka, LL 400 m/50g) in Marine (Fb 11), 50 g, in Chili (Fb 15), 50 g, in Natur (Fb 00), 50 g
- Rundstricknadel 4,0 mm (80 cm Länge)
- Wollnadel

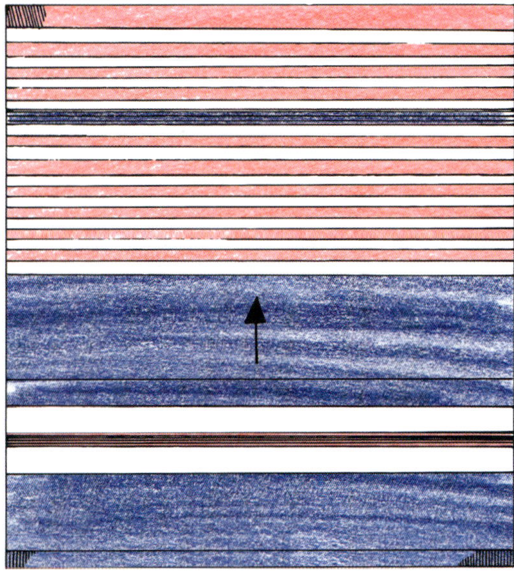

Anleitung

99 M in Marine (Fb 11) mit doppeltem Faden anschl und 6 R im Bündchenmuster str.

In der nächsten Rück-R (7. R) beginnt der Grundmusterteil.

Nach ca. 9 cm ab M-Anschl:

2 Hin-R und 2 Rück-R in Natur str.

1 Hin-R und 1 Rück-R in Chili str.

2 Hin-R und 2 Rück-R in Natur str.

Weitere ca. 12 cm in Marine str.

Nach ca. 24,5 cm ab Anschl beginnt in einer Hin-R der Streifenteil. Ab jetzt immer im Wechsel 1 Hin-R und 1 Rück-R in Natur und 1 Hin-R und 1 Rück-R in Chili str, die jeweiligen 3 Rand-M zu Beginn und am Ende jeder R beibehalten.

Der Faden der jeweils anderen Fb wird an der Seite mitgeführt, dafür die erste M mit beiden Fb str.

Nach 19 Streifen (38 R) 1 Hin-R und 1 Rück-R in Marine str, dann weitere 11 Streifen (22 R) im Wechsel Natur und Chili str, mit Natur beginnen und enden.

Für den Abschluss des Tuchs 6 R mit Natur im Bündchenmuster str. In der 7. R alle M locker abk.

FERTIGSTELLUNG

Alle Fäden vernähen und das Tuch vorsichtig nach Herstellerangaben waschen, in Form spannen und liegend trocknen lassen.

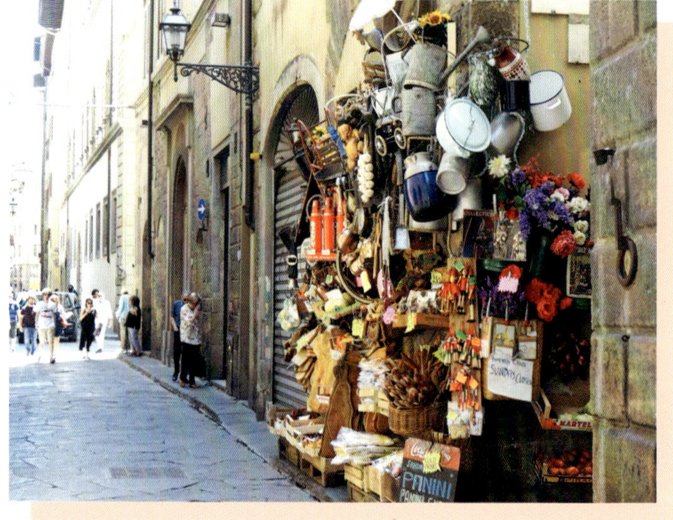

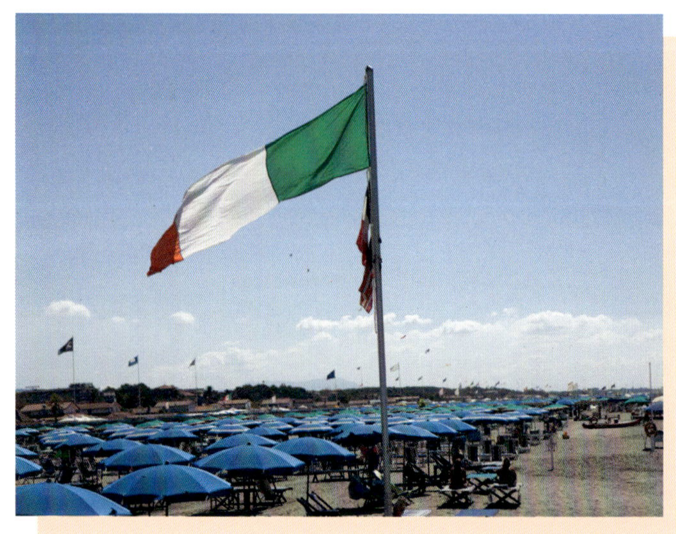

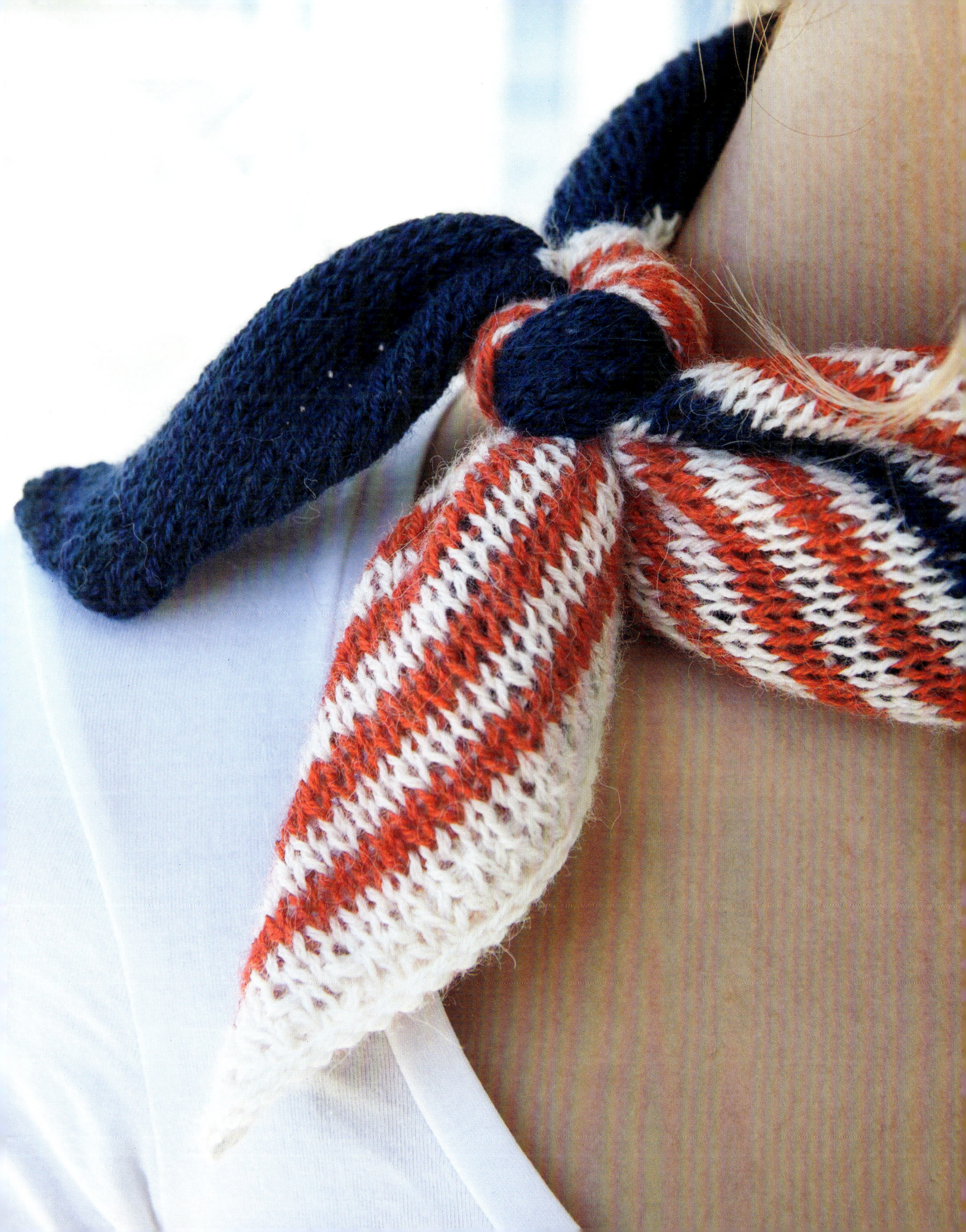

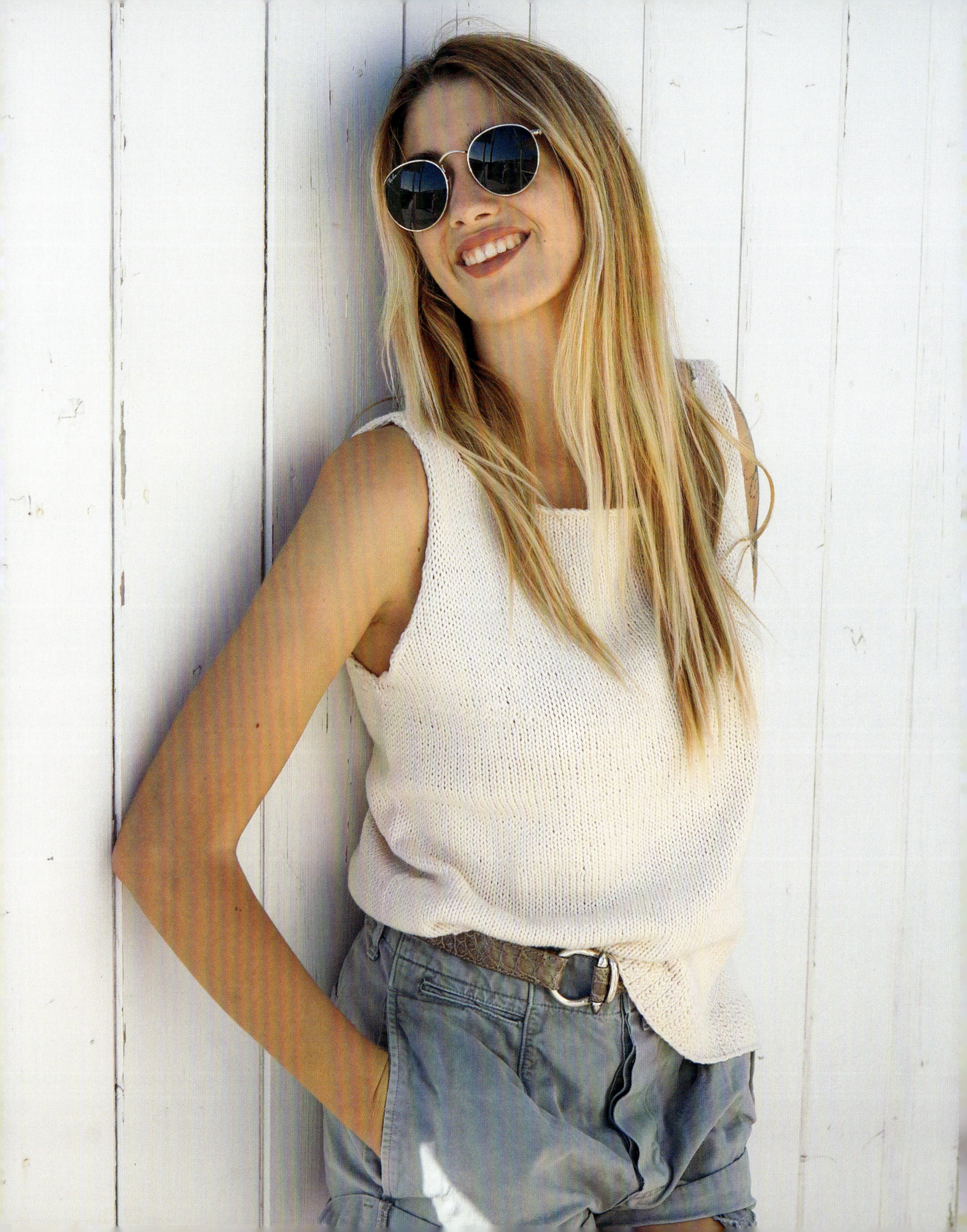

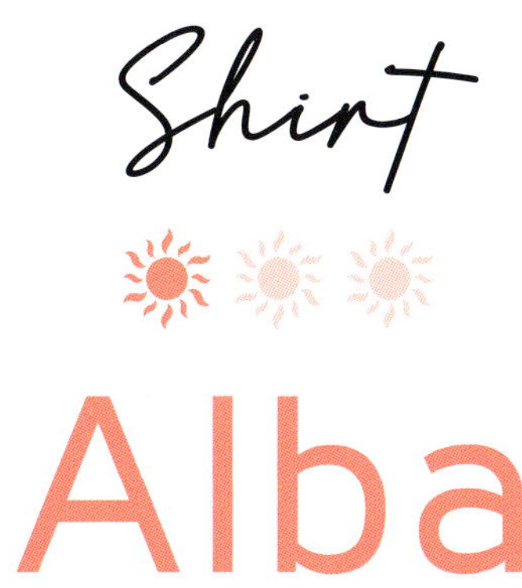

Alba

Vorne ist das Shirt klassisch schlicht und hochgeschlossen, hinten entblößt es etwas sonnengebräunte Haut. Ein Oberteil mit raffiniertem Extra auf den zweiten Blick!

BASICS

GRÖSSE
S (M/L/XL)

GRUNDMUSTER
Glatt rechts in Rd:
alle M rechts str.

Glatt rechts in R:
in allen Hin-R alle M rechts str und in allen Rück-R alle M links str.

BÜNDCHENMUSTER
1. Rd:
* 1M rechts str, 1 M mit U rechts abh * immer wdh.

2. Rd:
alle M rechts str.

1. und 2. Rd immer wdh.

MASCHENPROBE
10 cm x 10 cm im Grundmuster glatt rechts gestrickt mit Nd-Stärke 4,0 mm, gewaschen und gespannt: 19 M x 27 R

STRICKWEISE
Das Shirt wird bis zu den Armausschnitten in Rd gestrickt, auf der Rückseite wird ein Lochmuster eingestrickt.

MATERIAL

- Lamana Perla (60% Pima Baumwolle, 25% Alpaka, 15% Seide, LL 115 m/50 g) in Natur (Fb 00), 250 (250/300/300) g
- Rundstricknadel 4,0 mm (80 cm Länge)
- Wollnadel

Strickrichtung →

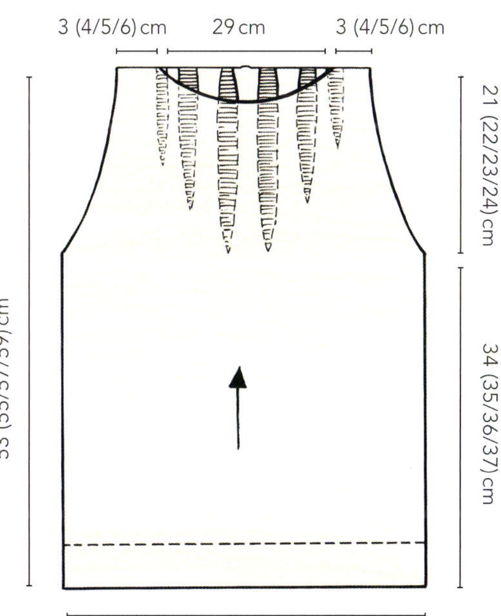

Anleitung

184 (192/200/208) M anschl und die M zur Rd schließen. Einen M-Markierer zum Markieren des R-Beginns setzen und einen zweiten M-Markierer nach 92 (96/100/104) M für die „Seitennaht" setzen.

Die ersten 5 cm im Bündchenmuster str, dann weiter im Grundmuster.

Nach 34 (35/36/37) cm Gesamthöhe die Arbeit teilen: die ersten 92 (96/100/104) M für das Rückteil stilllegen und das Vorderteil str.

VORDERTEIL

Für die Arm-Ausschnitte:

8x in jeder 2. R (also immer in der Hin-R) wie folgt str:

1 M rechts, 2 M rechts zus str, alle M rechts bis 3 M vor R-Ende, dann 1 M abh, 1 M rechts überzogen zus str, 1 M rechts 76 (80/84/88) M.

In den Rück-R alle M links str.

Dann 4x in jeder 4. R Abn wie oben 68 (72/76/80) M str.

Zusätzlich bei 16 (17/18/19) cm Höhe ab Armausschnitt für den Halsausschnitt die mittleren 48 M abk und beide Schultern getrennt beenden. Am Halsausschnitt an jeder Seite 1x 1 M und 1x 2 M abk.

Nach einer Gesamtlänge von 21 (22/23/24) cm ab Beginn der Armausschnitte die restlichen M abk.

RÜCKTEIL

Die Armausschnitte im Rückteil str wie im Vorderteil, zusätzlich ein Lochmuster str:

1. R: 1 M rechts, 2 M rechts zus str, die übrigen M rechts str, nach der 42. (44./46./48.) M 1 U, dann 2 M zus str, 2 M rechts str und noch mal 2 M zus str, 1 U und bis 3 M vor R-Ende weiter im Grundmuster der Armausschnitte str. Dann 1 M abh, 1 M rechts str und die abgehobene M überziehen, 1 M rechts 90 (94/98/102) M.

In der Rück-R und allen weiteren R die U im Grundmuster str.

Es ist hilfreich, die U zu markieren, damit man sie beim Abk leicht wiederfindet.

29. R: Die 22. und 23. (24. und 25./ 26. und 27./28. und 29.) M zus str, 1 U, nach der 47. (49./51./53.) M (den aktuellen U als M zählen) 1 weiterer U, dann 2 M zus str, weiter im Grundmuster str.

In den Rück-R die U wie bisher im Grundmuster mitstr.

In der 43. R noch mal eine U-R str, dafür die 15. und 16. (17. und 18./ 19. und 20./21. und 22.) M zus str, 1 U, nach der 52. (54./56./58.) M 1 weiterer U. Die 2 folgenden M zus str, weiter im Grundmuster str. Auch hier in den Rück-R die U im Grundmuster str.

In der letzten R vor dem Abk alle ehemaligen U (jetzt M) fallenlassen: die M einfach von der Nd gleiten lassen. Die M läuft die R runter (eventuell durch Ziehen nachhelfen) und stoppt automatisch in der R, in der der U gemacht wurde.
In der nächsten R alle M abk.

Nach einer Gesamtlänge von 21 (22/23/24) cm ab Beginn der Armausschnitte die restlichen M abk.

FERTIGSTELLUNG

Die Schulternähte schließen und die Fäden vernähen. Das Shirt nach Hersteller-Empfehlung vorsichtig waschen und liegend trocknen lassen.

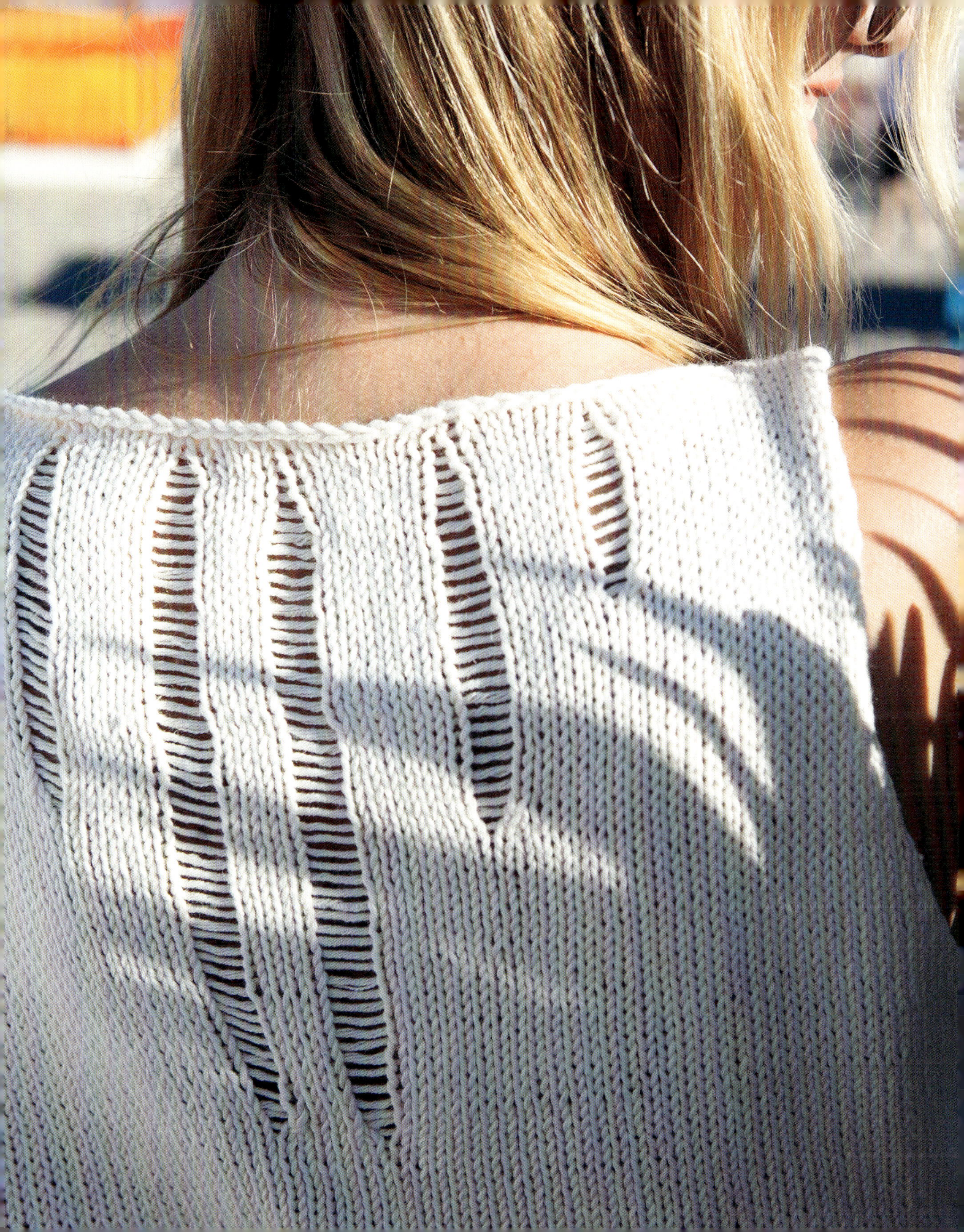

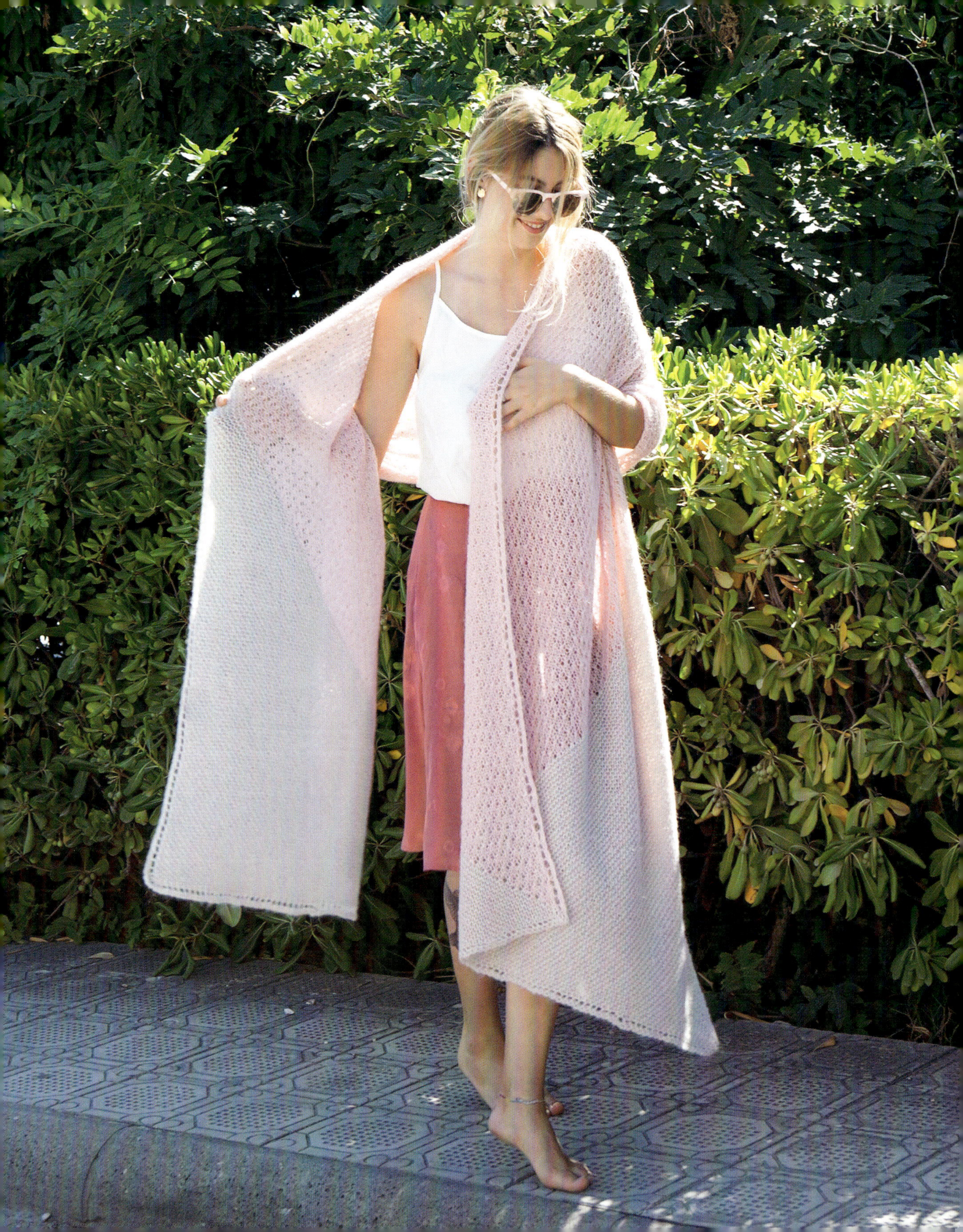

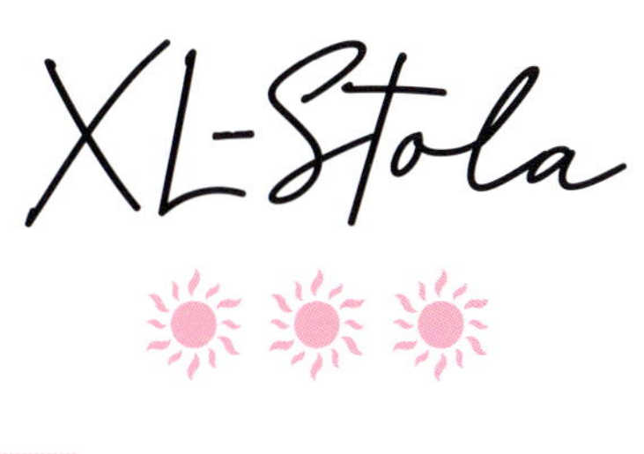

Forte

Ein Abend im Freien ist ein toller Abschluss eines Sommertags und macht immer ein bisschen Urlaubsstimmung, auch zu Hause auf der Terrasse. Bei einer kühlen Brise ist die Stola der perfekter Begleiter, zu Shorts und T-Shirt genauso wie zum schicken Kleid!

BASICS

GRÖSSE
ca. 70 cm breit x ca. 210 cm lang

GRUNDMUSTER
Kraus rechts:
alle M in den Hin-R und in den Rück-R rechts str.

Rand-M:
Knötchen-Rand: immer rechts str.

MASCHENPROBE
10 cm x 10 cm im Grundmuster gestrickt mit Nd-Stärke 5,0 mm, gewaschen und gespannt: 15 M x 30 R

STRICKWEISE
Die Stola wird schräg gestrickt, die Maße müssen immer am rechten Rand genommen werden.

MATERIAL

- Lamana Cusi (100% Alpaka, LL 225 m/50 g) in Altrosa (Fb 40), 300 g
- Lamana Piura (100% Alpaka, LL ca. 400 m/50 g) in Lindgrün (Fb 38), 100 g
- Rundstricknadel 5,0 mm (80 cm Länge)
- Wollnadel

Strickrichtung →

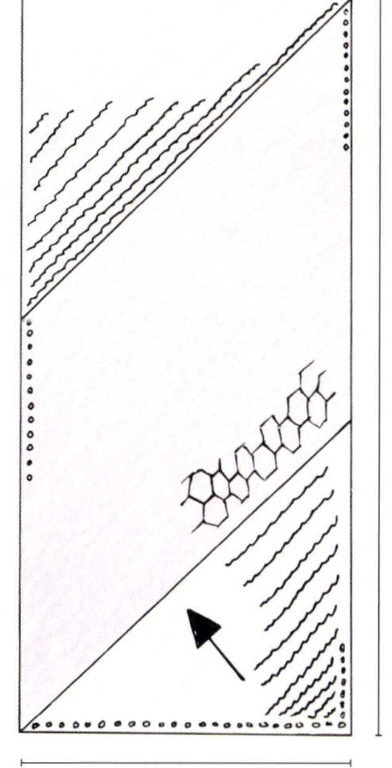

Anleitung

TEIL I

4 M mit einem Faden Cusi und einem Faden Piura anschl und in der Rück-R alle M rechts str. In der ersten Hin-R des ersten Teils zu Beginn 2 M rechts str, 1 U, alle weiteren M rechts str.

In der Rück-R und allen weiteren Hin- und Rück-R des ersten Teils 2 M rechts str ,1 U, alle weiteren M und U bis zum Ende der R rechts str. So entsteht ein Lochmuster als Abschluss der R.

So viele R str, bis insgesamt 148 M auf der Nd liegen (ca. 70 cm).

TEIL 2

Ab jetzt nur noch mit einem Faden Cusi str:

1. Hin-R: 2 M rechts, 1 U, * 2 M rechts, 1 U, 2 M rechts, U über die 2 letzten M ziehen *, von * bis * immer wdh bis 2 M vor Ende der R, dann 2 M rechts str.

2. Rück-R: 1 M rechts, 2 M rechts zus str, 1 U, 2 M rechts zus str, alle M links bis 3 M vor Ende, dann 3 M rechts str.

3. Hin-R: 2 M rechts, 1 U, 1M rechts, 1 U, 2 M rechts, U über die 2 letzten M ziehen, * 2 M rechts, 1 U, 2 M rechts, U über die 2 letzten M ziehen *, von * bis * immer wdh bis 3 M vor Ende, 3 M rechts str.

4. Rück-R (und alle weiteren Rück-R) immer wie 2. Rück-R str.

5. Hin-R: 2 M rechts, 1 U, 2 M rechts, * 2 M rechts, 1 U, 2 M rechts, U über die 2 letzten M ziehen *, von * bis * immer wdh bis 4 M vor Ende, 4 M rechts str.

7. Hin-R: 2 M rechts, 1 U, 1 M rechts, * 2 M rechts, 1 U, 2 M rechts, U über die 2 letzten M ziehen *, von * bis * immer wdh bis 5 M vor Ende der R, dann 5 M rechts str.

Die 1.–8. R immer wdh, bis der zweite Teil ca. 140 cm hoch ist. (Achtung: immer am rechten Seitenrand messen!)

TEIL 3

Den dritten Teil wie den ersten Teil wieder mit 2 Fäden str (ein Faden Cusi und ein Faden Piura). In den Hin-R 1 M rechts str, 2 M rechts zus str, 1 U, 2 M rechts zus str. Alle Rück-R des dritten Teils wie die Hin-R str.

Diese R immer wdh., bis nur noch 4 M auf der Nd sind. Die restlichen M abk.

FERTIGSTELLUNG

Alle Fäden vernähen, das Tuch vorsichtig nach Herstellerangaben waschen, etwas in Form spannen und liegend trocknen.

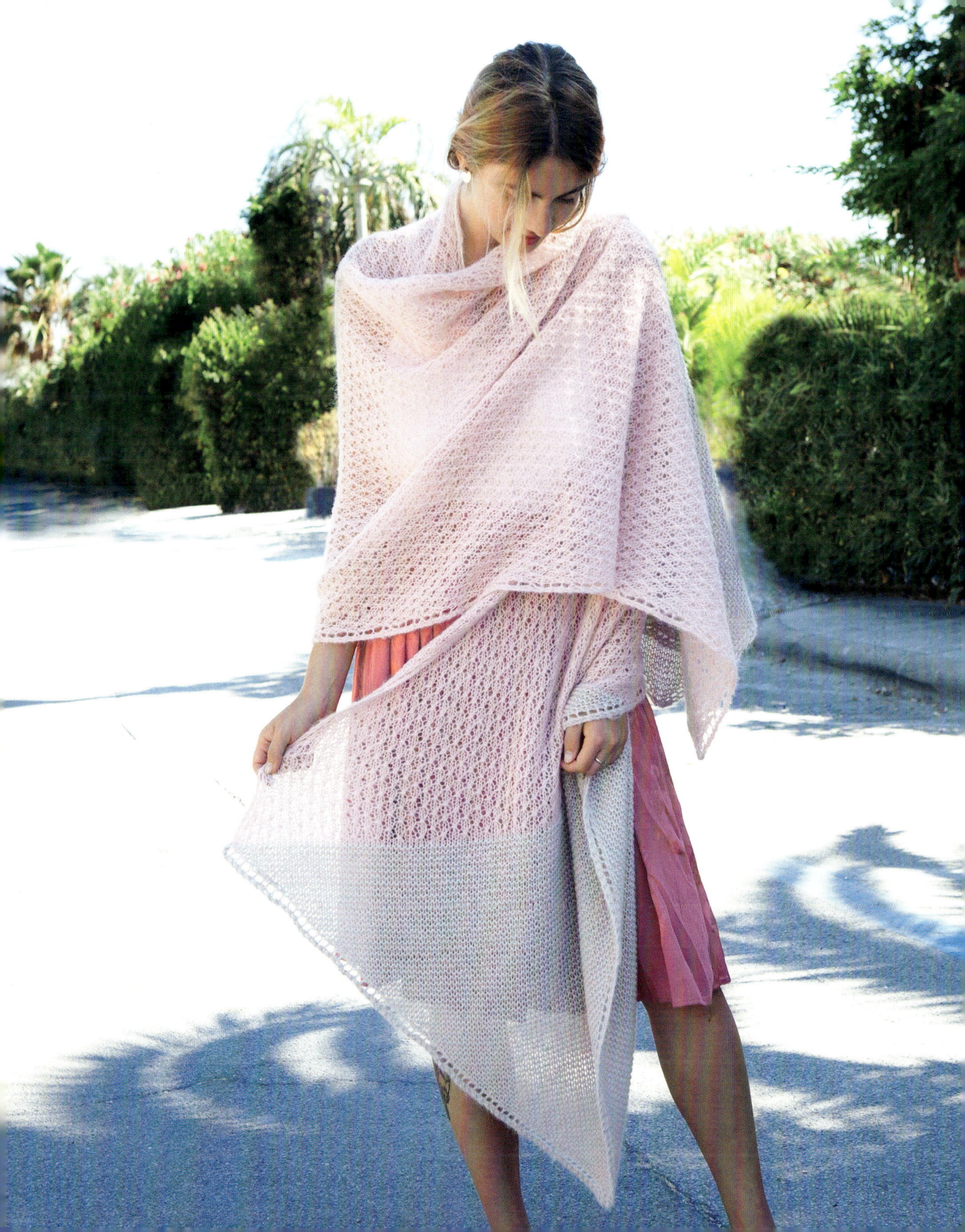

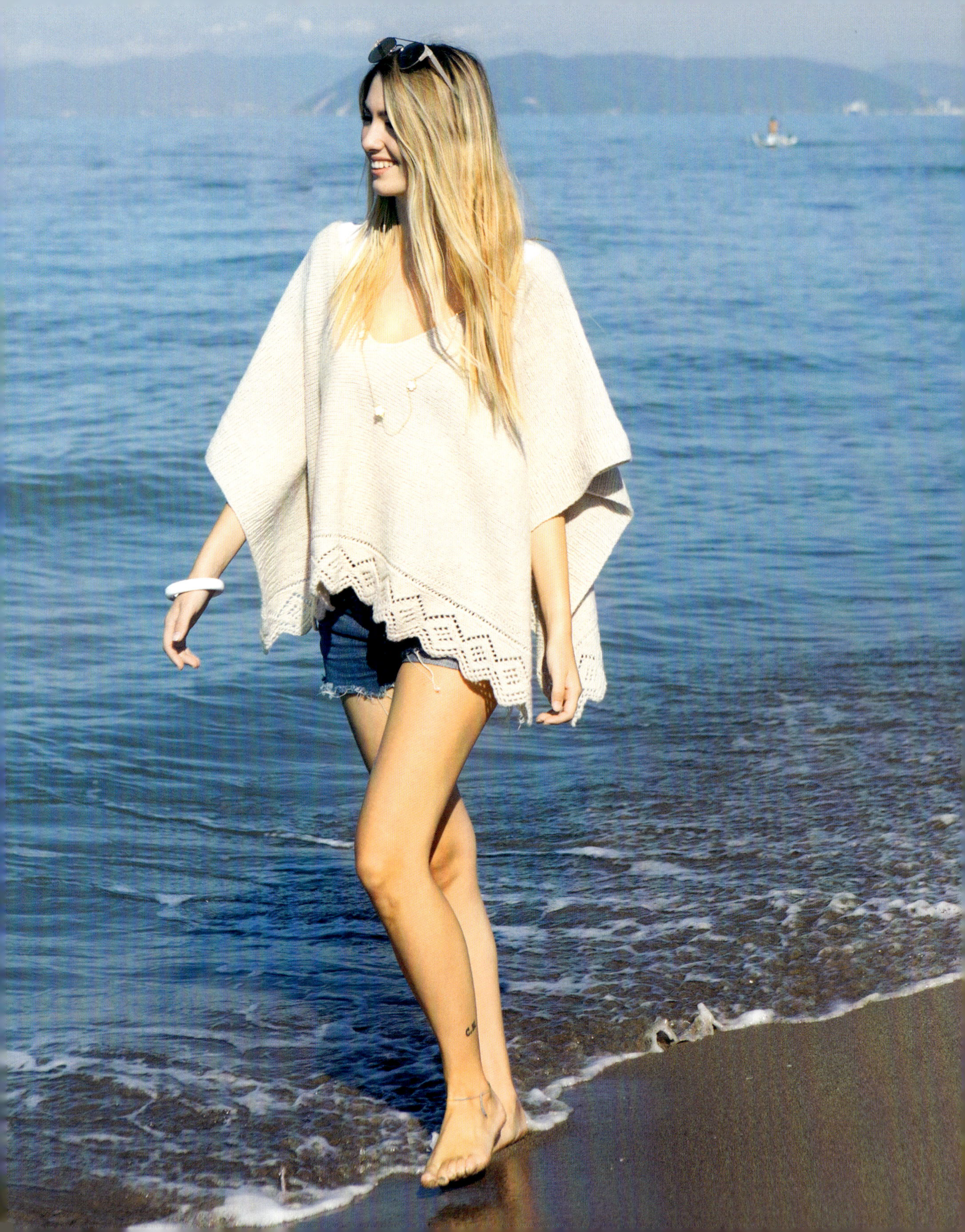

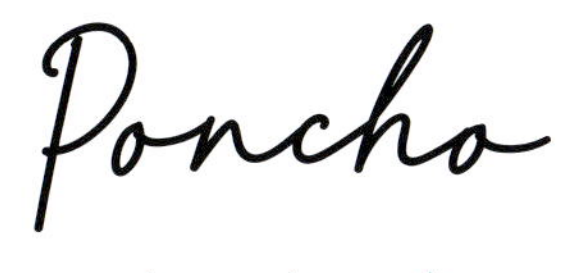

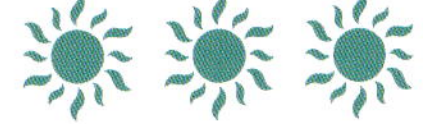

Versilea

Ausschnitt und Spitzenmuster machen den Poncho luftig sommerlich, er ist schnell über jedes Outfit gezogen und dabei super lässig! Ich mag diesen Alleskönner, er ist die perfekte Mischung aus praktisch und stylisch und macht immer eine gute Figur.

BASICS

GRÖSSE
S (M/L/XL)

GRUNDMUSTER
Glatt rechts in R:
In allen Hin-R alle M rechts str, in allen Rück-R alle M links str.

Bündchenmuster:
1 M rechts, 1 M links im Wechsel str.

Bordüre:
siehe Strickschrift, ungerade R = Hin-R (von rechts nach links str), gerade R = Rück-R (von links nach rechts str).

MASCHENPROBE
10 cm x 10 cm glatt rechts gestrickt mit Nd-Stärke 4,0 mm, gewaschen und gespannt: 20 M x 37 R

STRICKWEISE
Der Poncho besteht aus Vorder- und Rückteil und wird von einer Schulter zur anderen quer gestrickt. Die Weite bleibt in allen Größen gleich, nur die Länge ändert sich. Durch Kürzen oder Erweitern der Abschnitte (z. B. durch je eine Rhombe pro Seite) kann der Poncho aber auch eine individuelle Weite bekommen.

MATERIAL

- Lamana Como (100% Merino Superfine, LL 120 m/25 g) in Seidengrau (Fb 03), 325 (350/375/400) g
- Rundstricknadel 4,0 mm (80 oder 100 cm Länge)
- Wollnadel

Strickrichtung ⟶

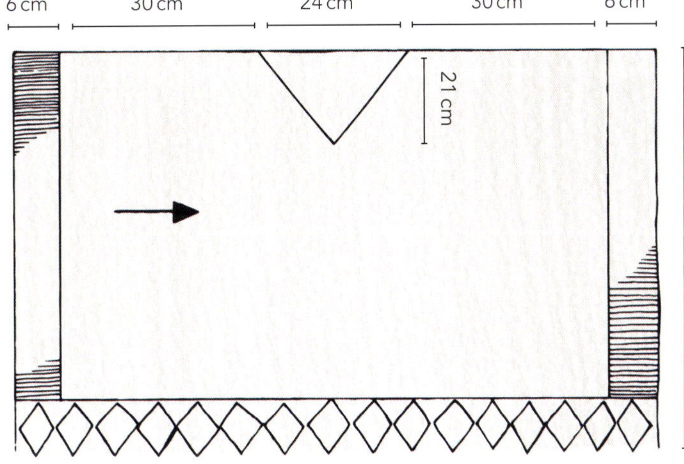

Anleitung

BEVOR SIE LOSLEGEN

Zur Anpassung der Größe können entsprechend weniger Rhomben gearbeitet werden. Hier werden insgesamt 16 Rhomben gestrickt, jede Rhombe misst ca. 6 cm.
Zur Orientierung gilt:
Anfangsbündchen:
1 Rhombe
1. Abschnitt ab Bündchen:
5 Rhomben
Ausschnitt:
4 Rhomben
2 . Abschnitt bis Bündchen:
5 Rhomben
Abschlussbündchen:
1 Rhombe

RÜCKTEIL

111 (117/123/129) M anschl und in der Rück-R wie folgt einteilen: 95 (101/107/113) M links str, dann einen M-Markierer setzen und weitere 16 M links str.

Das Muster immer zu Beginn der Hin-R und am Ende der Rück-R vor/nach dem M-Markierer laut Strickschrift str, die restlichen M ab/bis M-Markierer im Bündchenmuster.

Nach 22 R (ca. 6 cm) ist die 1. Rhombe gestrickt und das Bündchenmuster beendet. Jetzt die Rhomben laut Strickschrift (**Achtung: immer nur die 3.–22. R wdh!**) weiter str, die restlichen M glatt rechts str.

Bei einer Gesamthöhe von ca. 88 cm (am Ende der vorletzten Rhombe) die 95 (101/107/113) glatt rechten M wieder im Bündchenmuster str, die Bordüre weiter laut Strickschrift str. Nach weiteren 6 cm am Ende einer Bordüren-Musterfolge alle M locker rechts abk.

VORDERTEIL

111 (117/123/129) M anschl und in der Rück-R folgendermaßen einteilen: 95 (101/107/113) M links str, dann einen M-Markierer setzen und weitere 16 M links str.

Das Muster immer zu Beginn der Hin-R und am Ende der Rück-R vor/nach dem M-Markierer laut Strickschrift str, die restlichen M ab/bis M-Markierer im Bündchenmuster.

Nach 22 R (ca. 6 cm) ist die erste Rhombe gestrickt und das Bündchenmuster beendet. Jetzt die Rhomben nach Strickschrift weiter str, die restlichen M glatt rechts str.

In einer Gesamthöhe von ca. 36 cm den Halsausschnitt str (die Bordüre weiter str wie bisher).

HALSAUSSCHNITT TEIL I

In jeder Hin-R: Die 3. und 2. M vor R-Ende rechts zus str, 1 Rand-M.

In jeder Rück-R: 1 Rand-M, dann die 2. und 3. M links zus str, alle weiteren M im Muster weiter str.

Die Hin-R und Rück-R je 20x str = 40 R gesamt.

Dann folgt der 2. Teil des Ausschnitts.

HALSAUSSCHNITT TEIL 2

In jeder Hin-R: Im Grundmuster str bis zu den letzten zwei M, dann 1 M aus dem QF rechts verschränkt zun, 2 M rechts str.

In jeder Rück-R: 1 Rand-M, 1 M links str, 1 M aus dem QF links verschränkt zun, dann im Grundmuster weiter str.

Die Hin-R und Rück-R jeweils 20x str = 40 R gesamt.

Im Grundmuster alle M vor/nach dem M-Markierer glatt rechts str.

Bei einer Gesamthöhe von ca. 90 cm (am Ende der vorletzten Rhombe) die 95 (101/107/113) glatt rechten M wieder im Bündchenmuster str, die Bordüre weiter nach Strickschrift str. Nach weiteren 6 cm am Ende einer Bordüren-Musterfolge alle M locker rechts abk.

FERTIGSTELLUNG

Die Fäden vernähen. Die Schulternähte rechts und links auf einer Länge von 36 cm bis zum V-Ausschnitt-Beginn schließen. Die Seiten des Ponchos können auch zusammengenäht werden, so ergibt sich ein Oversize-Shirt. Die Nähte dazu nicht an den Rändern setzen, sondern um die Bündchenbreite einrücken. Den Poncho nach Hersteller-Empfehlung waschen und liegend trocknen lassen.

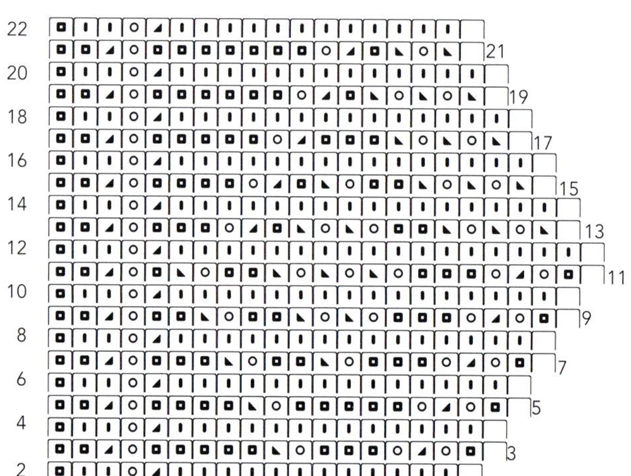

- rechte M
- linke M
- U
- 2 M rechts zus str
- 2 M rechts überzogen zus str

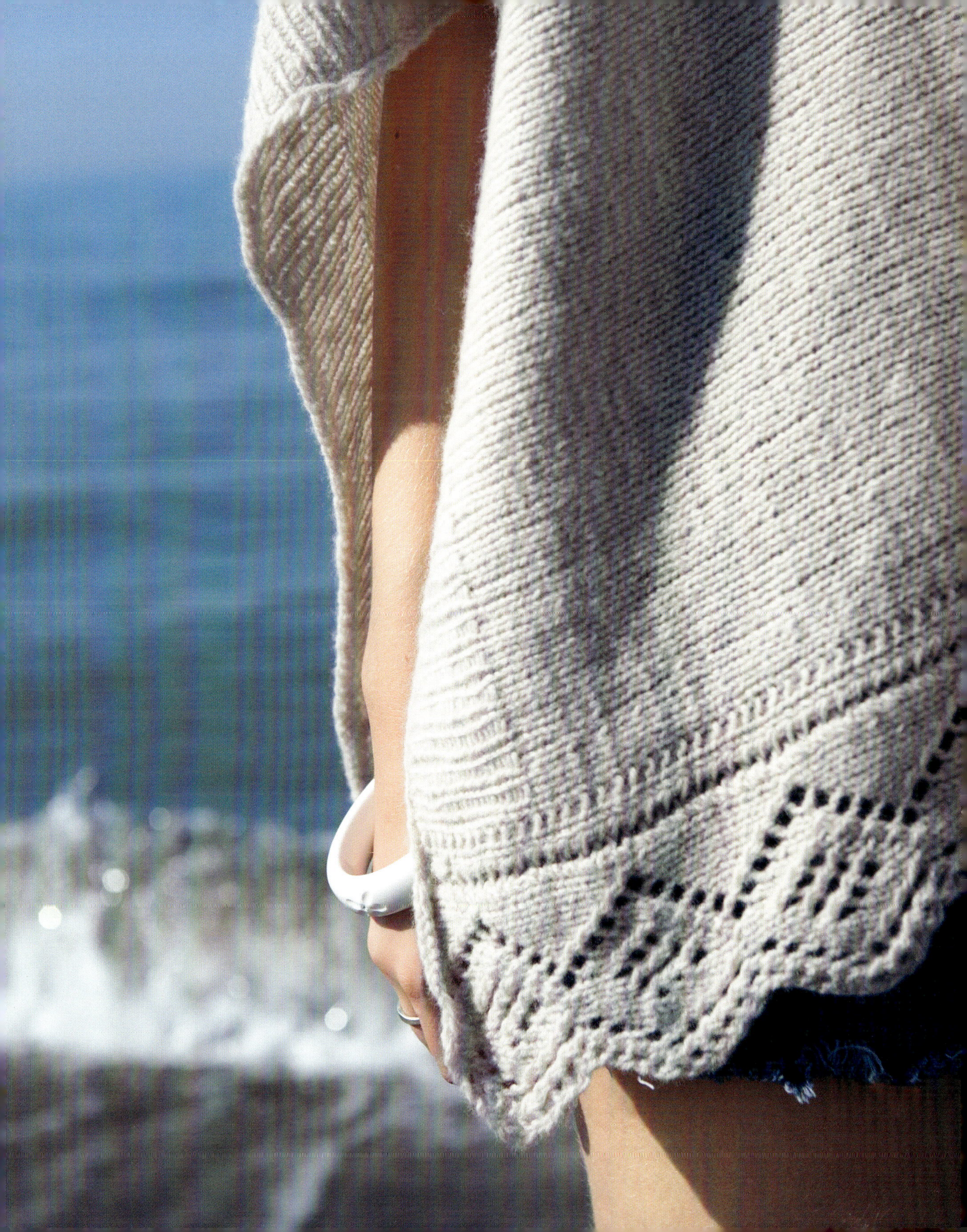

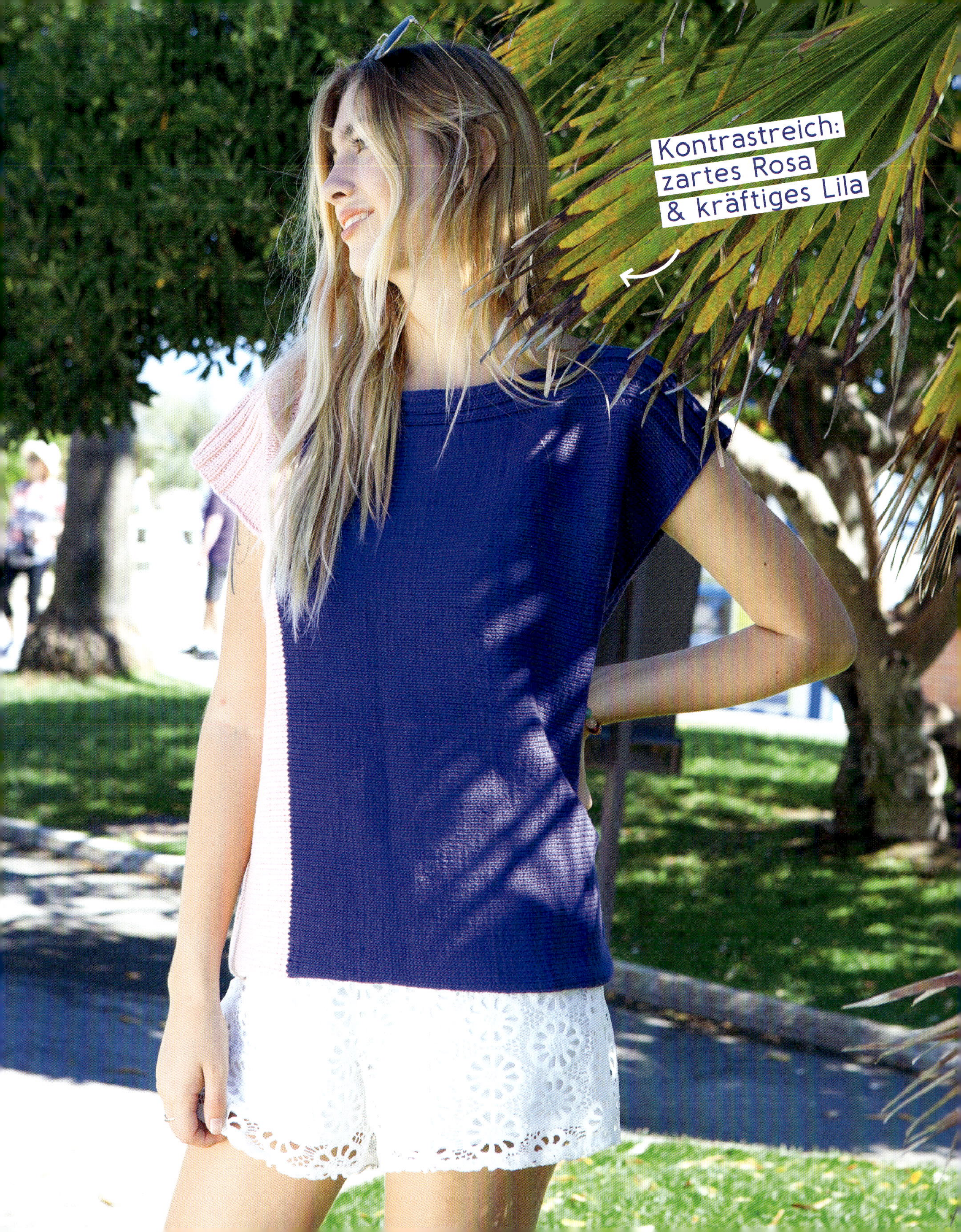
Kontrastreich:
zartes Rosa
& kräftiges Lila

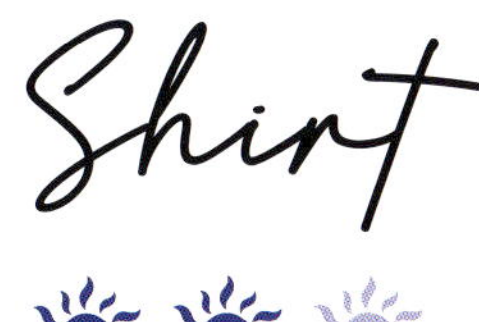

Rossella

Luftig, lässig, jung und sommerlich. Mit Rossella und den unglaublich vielen Farbmöglichkeiten wird es nie langweilig!

BASICS

GRÖSSE
S (M/L/XL)

GRUNDMUSTER
Glatt rechts:
In allen Hin-R alle M rechts str und in allen Rück-R alle M links str.

SCHULTERMUSTER
Rippenmuster:
In allen Hin-R:
2 M links und 2 M rechts im Wechsel str, mit 2 M links enden.
In allen Rück-R:
2 M rechts und 2 M links im Wechsel str, mit 2 M rechts enden.

MASCHENPROBE
10 cm x 10 cm im Grundmuster glatt rechts gestrickt mit Nd-Stärke 3,5 mm, gewaschen und gespannt: 20 M x 34 R

STRICKWEISE
Das Shirt wird von einer Seite zur anderen gestrickt und hat einen leichten Ausschnitt. Mit einer etwas größeren Nd-Stärke kann man dieses Shirt wunderbar etwas größer str, ohne mehr M anzuschlagen.

MATERIAL

- Lamana Perla (60% Pima Baumwolle, 25% Alpaka, 15% Seide, LL 115 m/50 g) in Altrosa (Fb 40), 100 (150/150/150) g und Violett (Fb 18), 250 (300/300/350) g
  oder in Gelb (Fb 13), 100 (150/150/150) g und Seidengrau (Fb 03), 250 (300/300/350) g
- Rundstricknadel 3,5 mm (80 cm Länge)
- Wollnadel

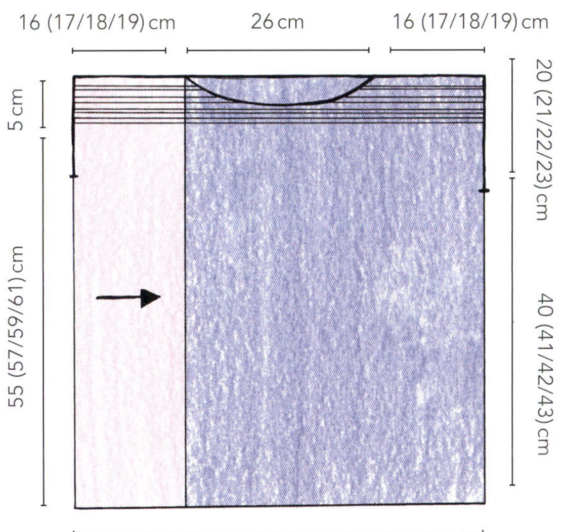

Anleitung

252 (260/268/276) M in Altrosa bzw. Gelb anschl (nach 127 (131/135/139) M einen M-Markierer setzen) und die M in der Rück-R einteilen:

111 (115/119/123) M links str, dann 30 M im Schultermuster str (M-Markierer überheben) und weitere 111 (115/119/123) M links str. Die Rand-M in allen Hin-R rechts str, in allen Rück-R links. In der Hin-R alle M str, wie sie erscheinen.

16 (17/18/19) cm in Altrosa bzw. Gelb in den jeweiligen Mustern str, dann den U-Boot-Ausschnitt beginnen. In einer Rück-R den Fb-Wechsel zu Violett bzw. Seidengrau vornehmen und die ersten 125 (129/133/137) M (bis zum M-Markierer) in der Mustereinteilung str (Grundmuster plus Schultermuster), dann stilllegen. Ab jetzt nur noch mit Violett bzw. Seidengrau str.

VORDERTEIL

1. Rück-R: 2 M links, 2 M rechts zus str, alle weiteren M str, wie sie erscheinen.

1. Hin-R: In allen Hin-R die M str, wie sie erscheinen.

2. Rück-R: 2 M links, 2 M links zus str, alle weiteren M str, wie sie erscheinen.

3. Rück-R: 2 M links, 2 M links zus str, alle weiteren M str, wie sie erscheinen.

4. Rück-R: 2 M links, 2 M rechts zus str, alle weiteren M str, wie sie erscheinen.

5. Rück-R: 2 M links, 2 M rechts zus str, alle weiteren M str, wie sie erscheinen.

6. Rück-R: 2 M links, 2 M links zus str, alle weiteren M str, wie sie erscheinen.

7. Rück-R: 2 M links, 2 M links zus str, alle weiteren M str, wie sie erscheinen.

8. Rück-R: 2 M links, 2 M rechts zus str, alle weiteren M str, wie sie erscheinen.

Weitere 50 R alle M str, wie sie erscheinen, dann die M wieder zun:

1. Hin-R: Bis zu den letzten 2 M alle M str, wie sie erscheinen, dann 1 M rechts verschränkt zun, 2 M rechts str.

1. Rück-R: In allen Rück-R die M str, wie sie erscheinen.

2. Hin-R: Bis zu den letzten 2 M alle M str, wie sie erscheinen, dann 1 M rechts verschränkt zun, 2 M rechts str.

3. Hin-R: Bis zu den letzten 2 M alle M str, wie sie erscheinen, dann 1 M links verschränkt zun.

4. Hin-R: Bis zu den letzten 2 M alle M str, wie sie erscheinen, dann 1 M links verschränkt zun.

5. Hin-R: Bis zu den letzten 2 M alle M str, wie sie erscheinen, dann 1 M rechts verschränkt zun.

6. Hin-R: Bis zu den letzten 2 M alle M str, wie sie erscheinen, dann 1 M rechts verschränkt zun.

7. Hin-R: Bis zu den letzten 2 M alle M str, wie sie erscheinen, dann 1 M links verschränkt zun.

8. Hin-R: Bis zu den letzten 2 M alle M str, wie sie erscheinen, dann 1 M links verschränkt zun.

Alle M des Vorderteils stilllegen.

RÜCKTEIL

80 R im Grund- und Rippenmuster str, wie die M erscheinen. Beim Rückteil keine Abn am Hals machen. In der letzten Rück-R auch die M des Vorderteils wieder einbeziehen und weitere 16 (17/18/19) cm im Muster str.

FERTIGSTELLUNG

Alle M locker abk. Die Seitennähte auf 40 (41/42/43) cm schließen (= 20 (21/22/23) cm für den Armausschnitt offen lassen). Alle Fäden vernähen und das Shirt vorsichtig nach Hersteller-Angaben waschen und liegend trocknen.

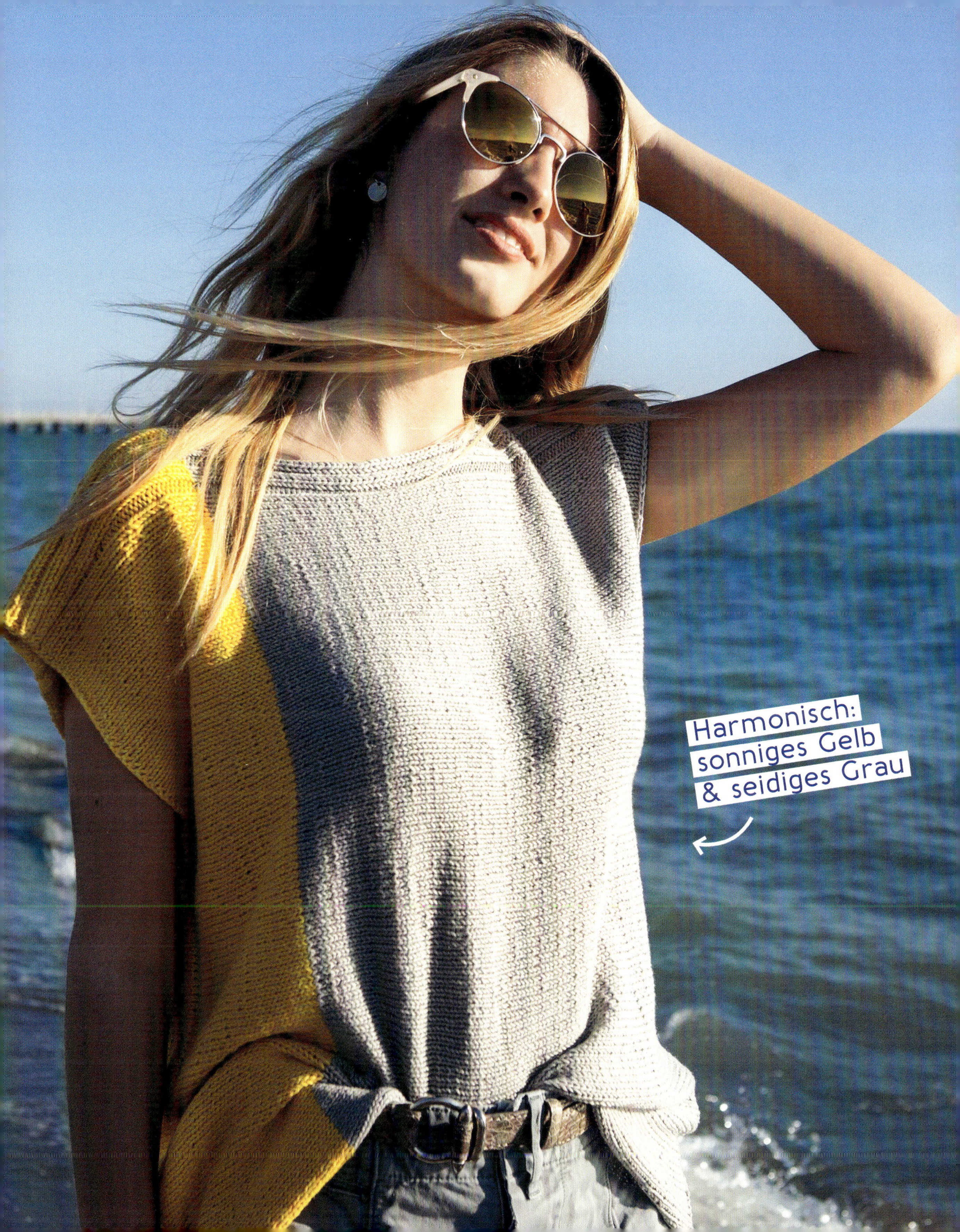
Harmonisch:
sonniges Gelb
& seidiges Grau

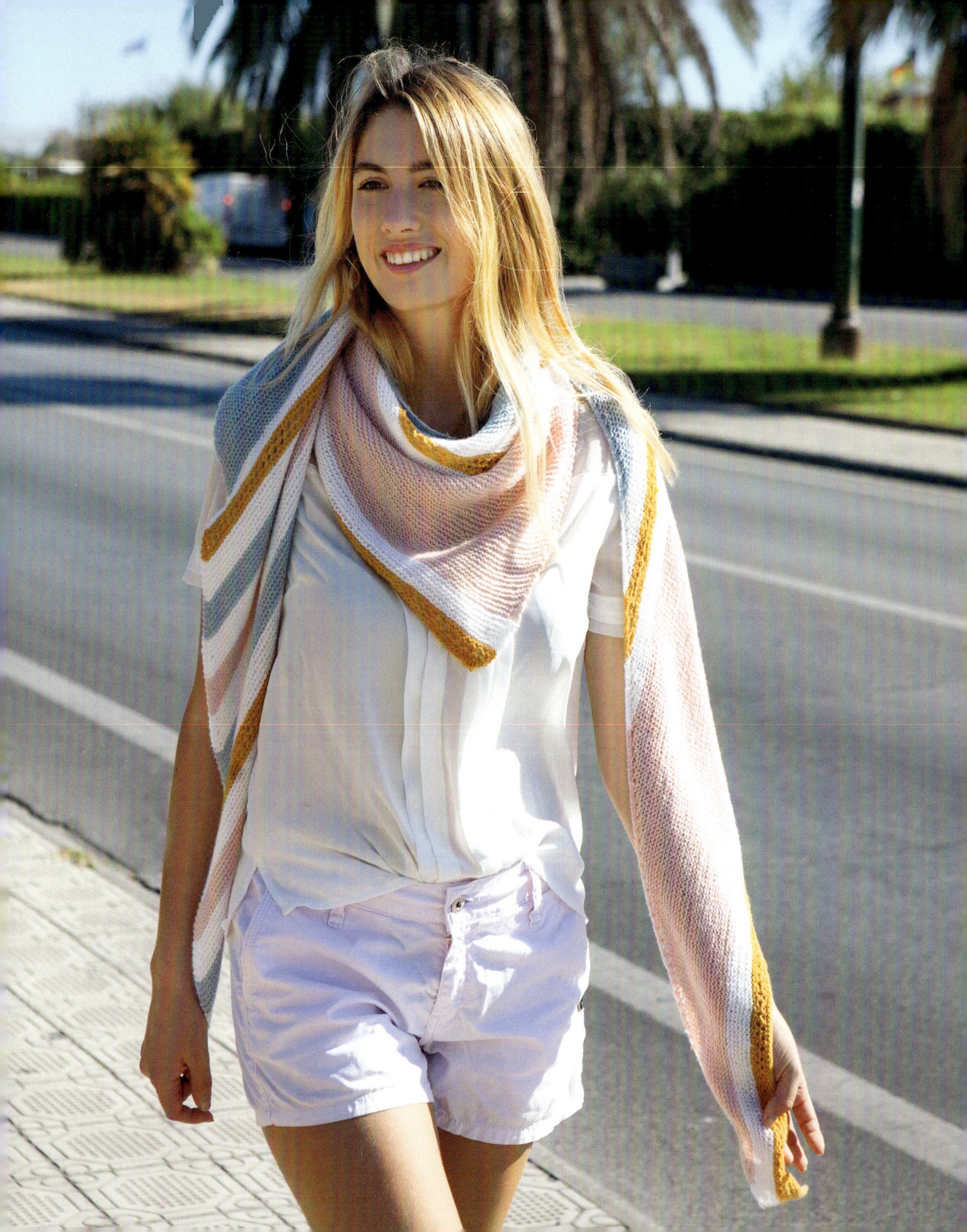

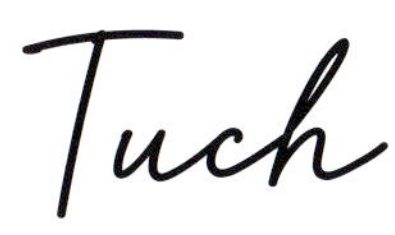

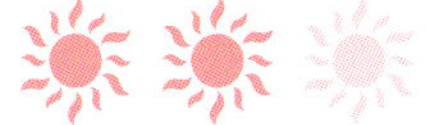

Costanza

Costanza war der erste Entwurf für das Buch und hat beim Stricken besonders viel Spaß gemacht. Genauso wie zu Beginn eines Sommers steckt das Projekt voller Erwartungen, voller Möglichkeiten und Vorfreude.

BASICS

GRÖSSE
ca. 240 cm auf der langen Seite und ca. 60 cm von der langen Seite zur Spitze

GRUNDMUSTER
Kraus rechts:
Hin-R alle M rechts str, Rück-R alle M rechts str.

MASCHENPROBE
10 cm x 10 cm kraus rechts gestrickt mit Nd-Stärke 3,0 mm, gewaschen und gespannt: 25 M x 48 R

STRICKWEISE
Das Tuch hat einen asymmetrischen Schnitt, so fällt es am Hals sehr schön. Gestrickt wird es von der unteren Spitze zur oberen Seite. Die Lochmuster-Reihen dienen als Auflockerung und wirken schön luftig.

MATERIAL

- Lamana Milano (90% Merino Superfein, 10% Kaschmir, LL 180 m/25 g) in Taubenblau (Fb 36), 50 g, Altrosa (Fb 40), 75 g, Natur (Fb 00), 50 g, und Curry (Fb 08), 50 g
- Rundstricknadel 3,0 mm (80 oder 100 cm Länge)
- Wollnadel

Strickrichtung ⟶

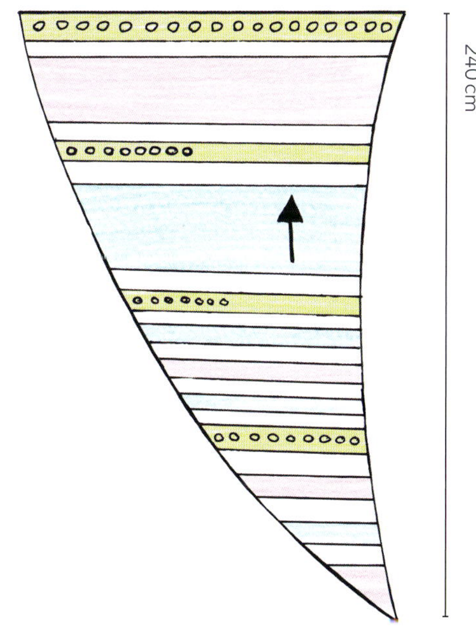

TIPP

!

Die Streifen in Kombination mit dem Lochmuster wirken richtig schön sommerlich. Die vier Farben lassen unendlich viele Kombinationen zu – so kann man das Tuch ganz herrlich individuell stricken und der eigenen Stimmung und Garderobe anpassen. Jedes Tuch wird ein Unikat!

Anleitung

5 M in Altrosa anschl. In der Rück-R alle M rechts str.

1. Hin-R: 1 Rand-M, 3 M aus 1 M herausstr, alle weiteren M rechts str, 1 Rand-M (7 M).

Rück-R: In allen Rück-R immer alle M rechts str.

2. Hin-R: 1 Rand-M, 3 M aus 1 M herausstr, alle M rechts str bis 3 M vor R-Ende, 2 M rechts zus str, 1 Rand-M (8 M).

Die 1. und 2. Hin-R während des gesamten Tuchs in allen Hin-R wdh, sofern es nicht anders beschrieben ist.

Die Farbaufteilung ist wie folgt:

12 R (6 Hin-R und 6 Rück-R ab der 1. Hin-R) in Altrosa (14 M).

12 R (6 Hin-R und 6 Rück-R) in Natur (23 M).

12 R (6 Hin-R und 6 Rück-R) in Taubenblau (32 M).

12 R (6 Hin-R und 6 Rück-R) in Natur (41 M).

12 R (6 Hin-R und 6 Rück-R) in Altrosa (50 M).

12 R (6 Hin-R und 6 Rück-R) in Natur (59 M).

Es sind nun insgesamt 72 R gestrickt.

I. LOCHMUSTER-PART IN CURRY

1. Lochmuster-Hin-R: 1 Rand-M, 3 M aus 1 M herausstr, alle M rechts str, 1 Rand-M.

2. Lochmuster-Hin-R: 1 Rand-M, 3 M aus 1 M herausstr, alle weiteren M rechts str bis 3 M vor Ende der R, dann 2 M rechts zus str, 1 Rand-M.

3. Lochmuster-Hin-R: 1 Rand-M, 3 M aus 1 M herausstr, * 1 U, 2 M rechts zus str *, von * bis * immer wdh bis 2 M vor R-Ende, dann 1 M rechts, 1 Rand-M.

4. Lochmuster-Hin-R: 1 Rand-M, 3 M aus 1 M herausstr, * 1 U, 2 M rechts zus str *, von * bis * immer wdh bis 2 M vor R-Ende, dann 2 M rechts zus str.

5. Lochmuster-Hin-R: Wie die 1. Lochmuster-Hin-R (67 M).

Im Grundmuster weiter str, mit der 2. Hin-R beginnen:

12 R in Natur (76 M).

12 R in Taubenblau (85 M).

12 R in Natur (94 M).

12 R in Altrosa (103 M).

12 R in Natur (112 M).

12 R in Taubenblau (121 M).

12 R in Natur (130 M).

2. LOCHMUSTER-PART IN CURRY

Wie 1. Lochmuster-Part, enden mit 138 M.

Im Grundmuster weiter str, mit der 2. Hin-R beginnen:

12 R in Natur (147 M).

104 R in Taubenblau (225 M).

12 R in Natur (234 M).

3. LOCHMUSTER-PART IN CURRY

Wie 1. und 2. Lochmuster-Part (242 M).

Im Grundmuster weiter str, mit der 2. Hin-R beginnen:

12 R in Natur (251 M).

82 R in Altrosa (312 M).

12 R in Natur (321 M).

4. LOCHMUSTER-PART IN CURRY

Wie bisherige Lochmuster-Parts (329 M).

Zum Schluss alle M als Kordelrand (siehe S. 10) abk. 3 M aufstr, die 3 M wieder auf die linke Nd heben und den Kordelrand starten: 2 M rechts str, 2 M rechts verschränkt zus str, die 3 M auf die linke Nd zurückheben und von vorne beginnen.

Diesen Vorgang wdh bis zu den letzten 3 M: 3 M rechts verschränkt zus str, den Faden abschneiden und durchziehen.

FERTIGSTELLUNG

Alle Fäden vernähen und das Tuch vorsichtig nach Herstellerangaben waschen, leicht spannen und liegend trocknen.

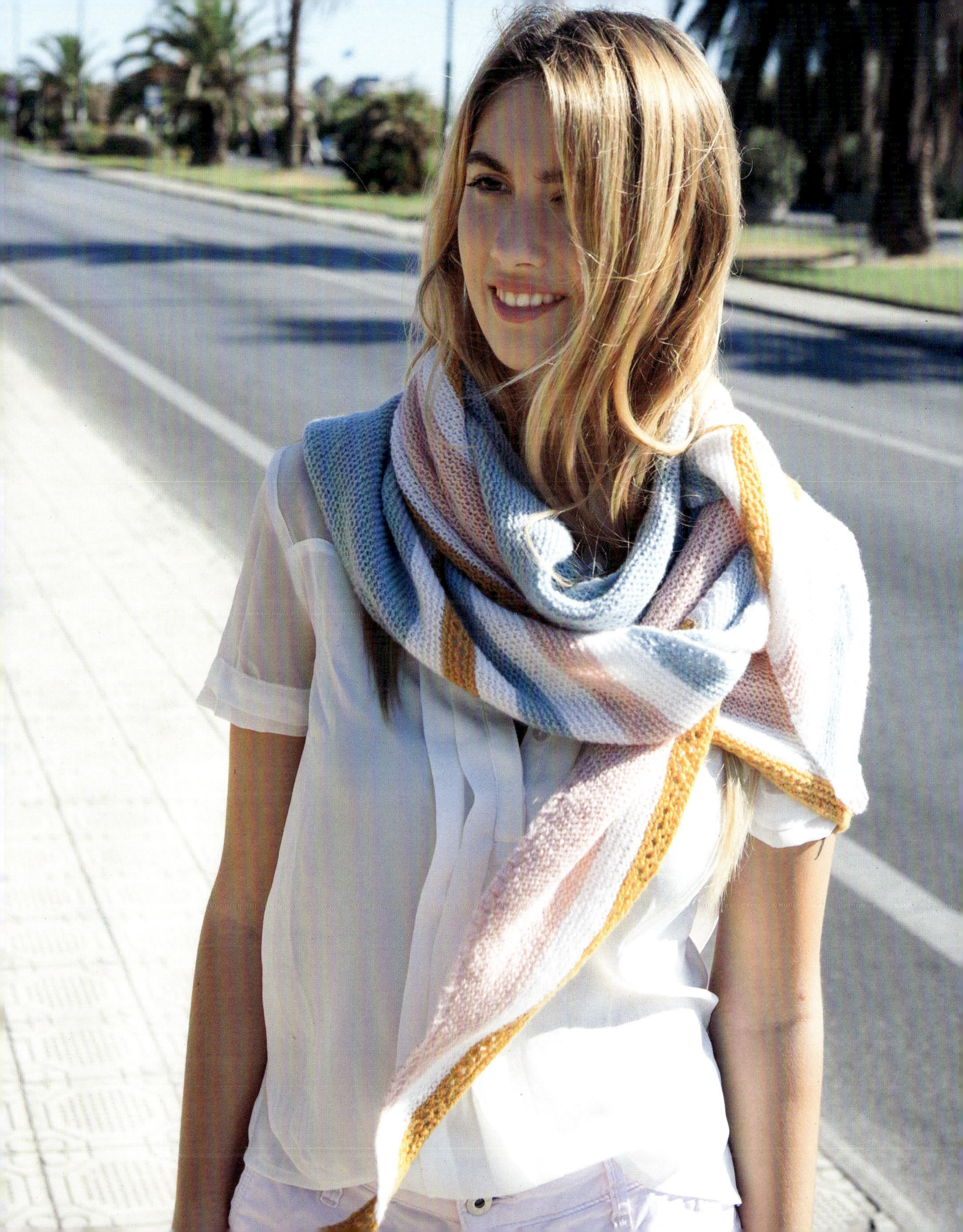

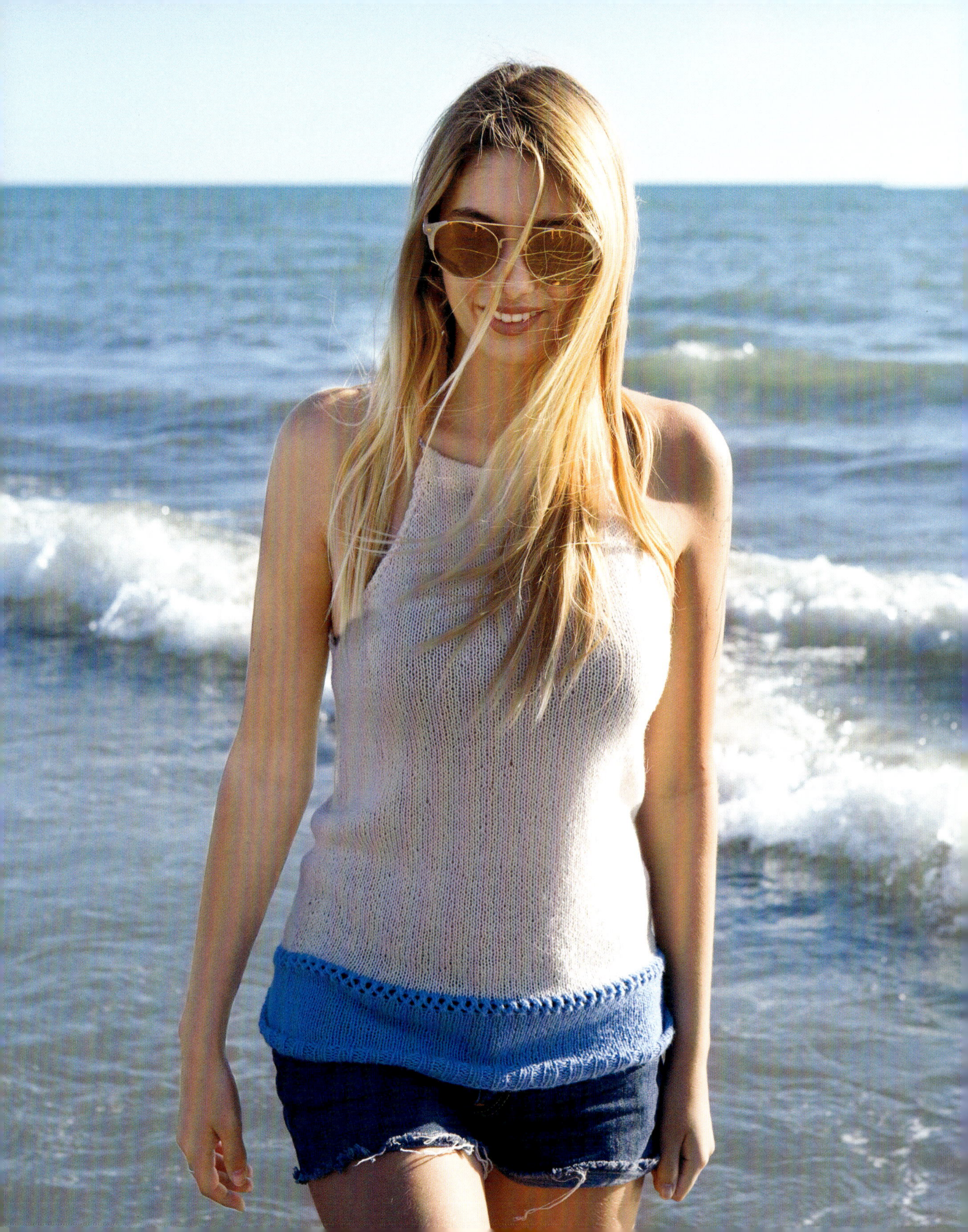

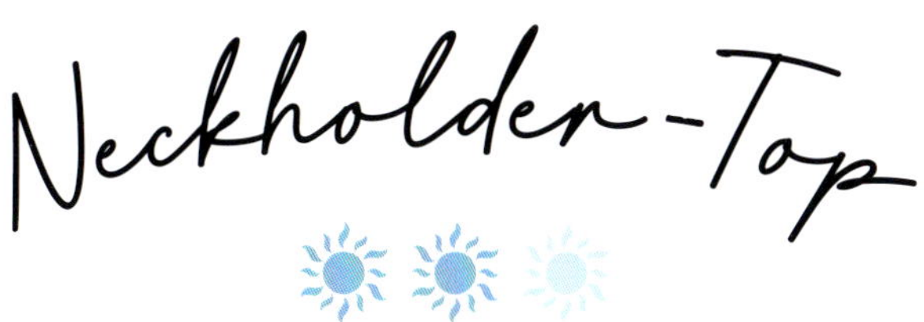

Acali

Strick geht auch, wenn es richtig heiß ist! Das Top Acali zeigt viel Haut, ist schön luftig und sieht auch bei größter Hitze noch super aus. Dank feinem Alpaka kann sich wirklich niemand diesem tollen Tragegefühl entziehen!

BASICS

GRÖSSE
S (M/L/XL)

GRUNDMUSTER
Glatt rechts in Rd:
alle M rechts str.

Glatt rechts in R:
in allen Hin-R alle M rechts str, in allen Rück-R alle M links str.

BÜNDCHENMUSTER
2 M rechts und 2 M links im Wechsel str.

Rand-M:
solange nicht anders beschrieben Knötchenrand: alle Rand-M rechts str.

MASCHENPROBE
10 cm x 10 cm glatt rechts gestrickt mit Nd-Stärke 4,5 mm, gewaschen und gespannt: 22 M x 32 R

STRICKWEISE
Das Top wird doppelfädig von unten nach oben gestrickt.

Beim doppelfädigen Stricken kann jeweils ein Faden von innen und außen eines Knäuels benutzt werden.

MATERIAL

- Lamana Piura (100% Alpaka, LL 400 m/50g) in Natur (Fb 00), 150 (150/200/200) g, in Pastellblau (Fb 43), für jede Größe 50g
- Rundstricknadel 4,0 und 4,5 mm (beide 80 cm Länge)
- Wollnadel

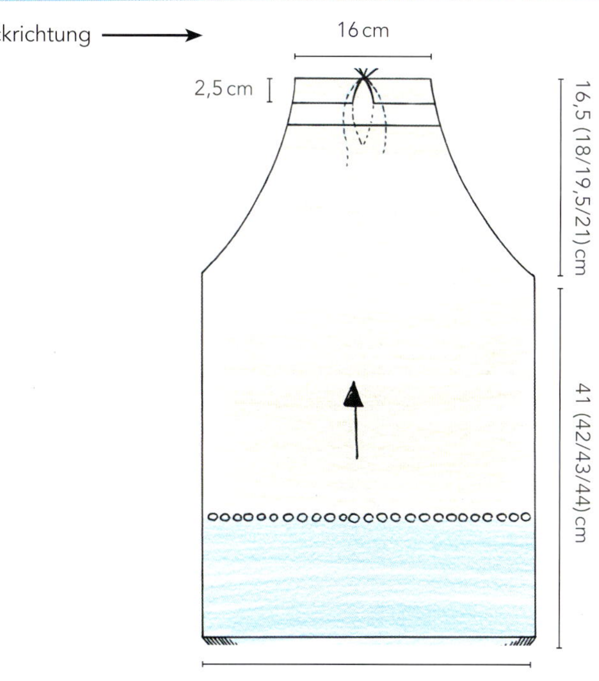

Anleitung

176 (184/192/200) M mit Nd-Stärke 4 in Pastellblau anschl, zur Rd schließen (Rd-Beginn mit einem M-Markierer kennzeichnen) und 3 cm im Bündchenmuster str, dabei nach 88 (92/96/100) M einen weiteren M-Markierer für die Seitenmarkierung setzen.

Nach ca. 3 cm im Bündchenmuster zu Nd-Stärke 4,5 wechseln und 7 cm glatt rechts gerade hoch str.

Nach 10 cm in Pastellblau ein Lochmuster str:

1. Rd: *1 U, 2 M rechts zus str *, von * bis * immer wdh bis zum Rd-Ende.

2. Rd: Alle M rechts str.

3. Rd: Wie die 1. Rd str.

4. Rd: Wie die 2. Rd str.

Nach dem Lochmuster (nach insgesamt ca. 11 cm in Pastellblau) die Fb wechseln und weitere 30 (31/32/33) cm in Natur str. Danach sind insgesamt ca. 41 cm (42/43/44) cm gestrickt.

Für den oberen Teil des Tops die Arbeit am Rd-Beginn in Vorder- und Rückteil teilen: Die ersten 88 (92/96/100) M auf einer Nd stilllegen und zunächst das Vorderteil str.

VORDERTEIL

Ab jetzt in R glatt rechts str, dabei werden die Rand-M immer im Knötchenrand gestrickt (in allen Hin- und Rück-R immer rechts str). Für die Schrägung 22x (24x/26x/28x) in jeder Hin-R wie folgt abn: 2 M rechts, 2 M rechts zus str, dann alle M rechts bis 4 M vor R-Ende, dann 1 M abh, 1 M rechts, die abgehobene M überheben, 2 M rechts. Die Rück-R im Muster str.

Nach 22 (24/26/28) Hin-R mit Abn (44 M) eine Hin-R linke M str.

Jetzt ändern sich die Rand-M:
In den Rück-R die erste und letzte M jeweils mit einem U abh, in den Hin-R Rand-M und U zus rechts str. Nach der Hin-R mit linken M noch insgesamt 15 R im Grundmuster str. In der 16. R alle M locker abk, dabei den letzten Faden lang lassen. Mit diesem Faden die Abkett-R von hinten an die Hin-R mit den linken M nähen. So entsteht ein Tunnel für die Kordel.

RÜCKTEIL

Das Rückteil in R glatt rechts str, die Rand-M im Knötchenrand str. Für die Schrägung 22x (24x/26x/28x) in jeder Hin-R wie folgt abn: 2 M rechts, 2 M rechts zus str, dann alle M rechts bis 4 M vor R-Ende, dann 1 M abh, 1 M rechts, die abgehobene M überheben, 2 M rechts.

Nach 22 (24/26/28) Hin-R mit Abn (44 M) das Rückteil in einer Hin-R mittig (nach 22 M) trennen. Zuerst 12 R über die ersten 22 M im Grundmuster str (die restlichen 22 M stilllegen), die Rand-M str wie beim Vorderteil. Dann folgt eine Hin-R mit linken M und weitere 15 R im Grundmuster glatt rechts. In der 29. R ab Teilung alle M locker abk, den Faden lang lassen und den Tunnel annähen wie beim Vorderteil.

Die restlichen 22 M genauso str.

FERTIGSTELLUNG

Kordel: 24 Fäden Piura mit ca. 2,5 m Länge schneiden (12x Natur und 12x Pastellblau) und für die Kordel je 4 Fäden jeder Fb zu 3 Strängen zusammennehmen (3 Stränge mit je 4x Natur und 4x Pastellblau).

Die Stränge am oberen Ende fest verknoten und dann stramm flechten bis die Kordel ca. 1,2 m misst. Nun das untere Ende ebenfalls fest verknoten, die Reste kurz abschneiden und die Kordel durch den Tunnel im Vorder- und Rückteil ziehen.

Nun alle Fäden vernähen und das Top anfeuchten oder vorsichtig nach Hersteller-Empfehlung waschen und liegend trocknen lassen.

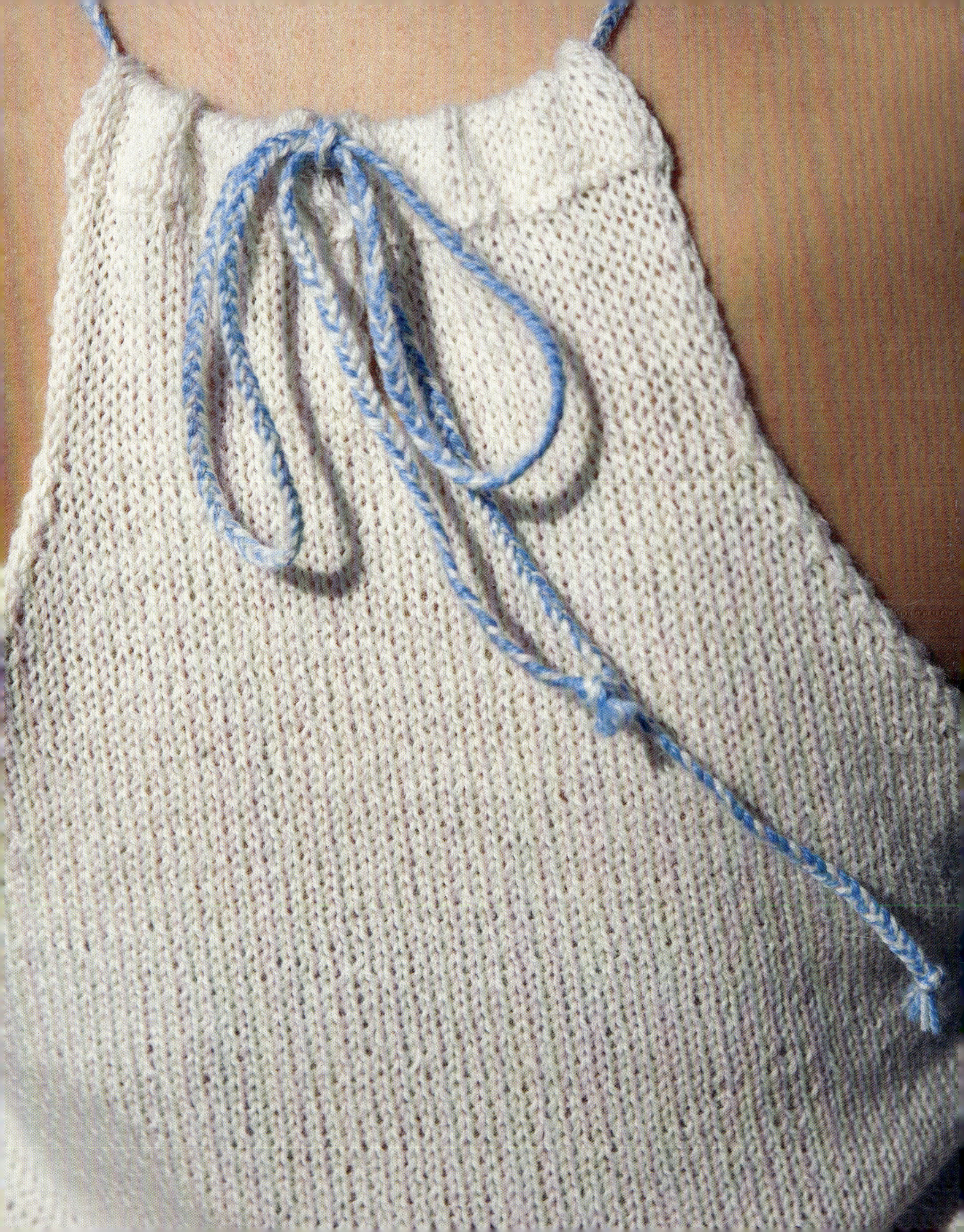

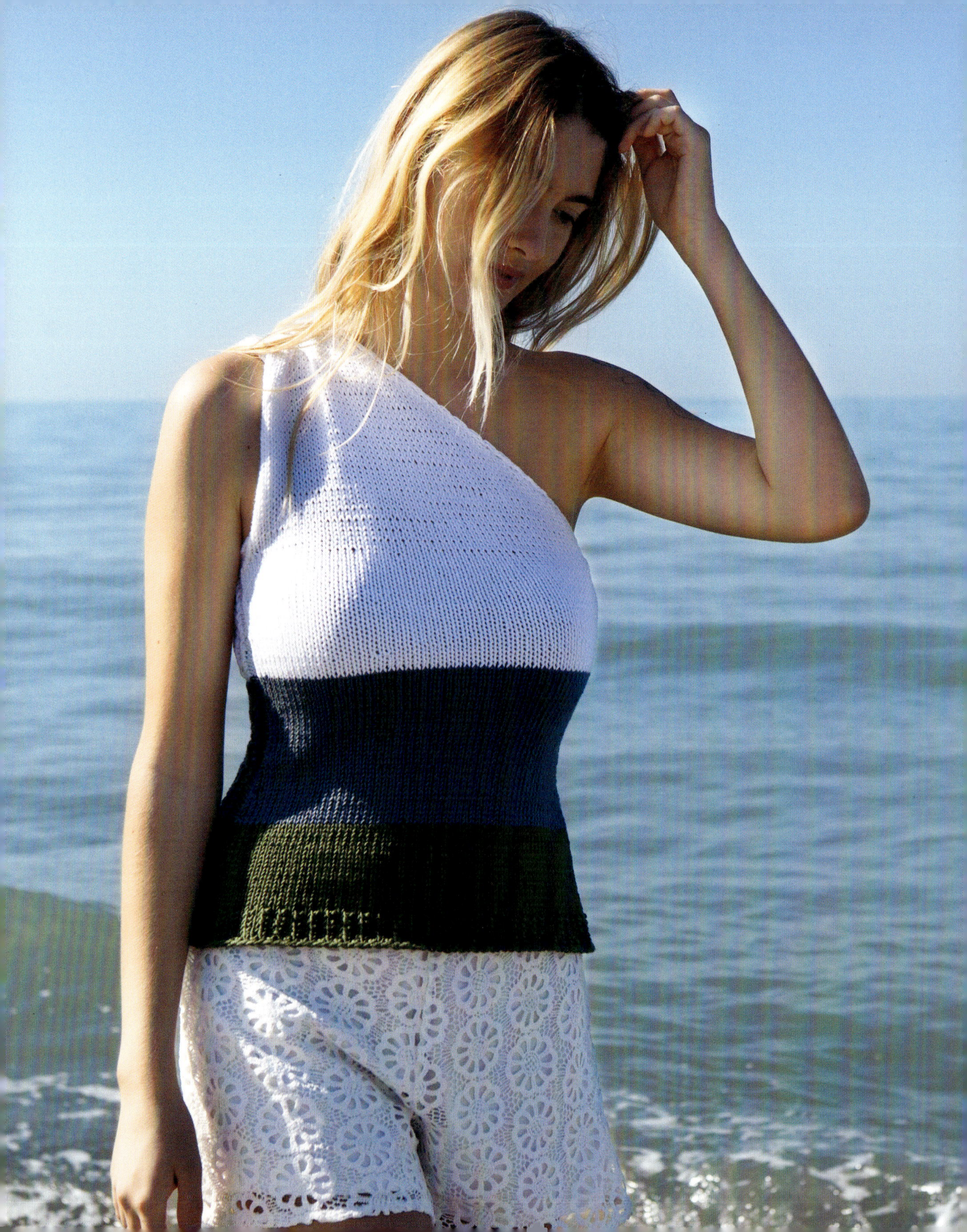

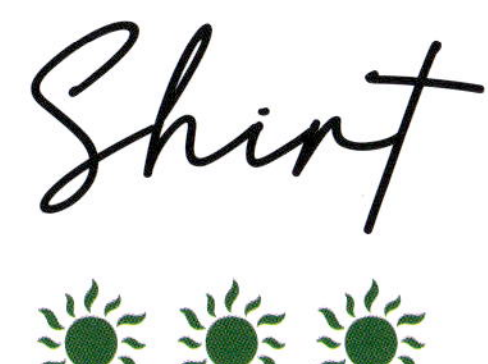

Flora

Die verrücktesten Ideen sind meist die besten. Flora ist „last minute" am Strand entstanden, mit dem Meer vor Augen und dem Kaffee an der Liege. Genauso entspannt strickt und trägt sich dieses schöne Baumwolltop!

BASICS

GRÖSSE
S (M/L/XL)

GRUNDMUSTER
Glatt rechts in Runden:
alle M rechts str

Glatt rechts in Reihen:
In allen Hin-R alle M rechts str und in allen Rück-R alle M links str

MASCHENPROBE
10 cm x 10 cm glatt rechts gestrickt mit Nd-Stärke 4,0 mm, gewaschen und gespannt: 18 M x 28 R

STRICKWEISE
Das Top wird figurnah gestrickt. Es ist leicht tailliert und schließt auf der Schulter mit einer Kellerfalte ab. An den Seiten bilden kleine Zöpfe die „Seitennähte".

MATERIAL

- Lamana Cosma (60% Baumwolle, 40% Modal, LL 100 m/50 g) in Pinie (Fb 34), 50 (100/100/100) g, Basaltblau (Fb 46), 50 (100/100/100) g und Schneeweiß (Fb 02), 100/150/150/150) g
- Rundstricknadel 4,0 mm (80 cm Länge)
- 2 Hilfsnadeln Stärke 4,0 mm (von einem Nadelspiel)
- Wollnadel

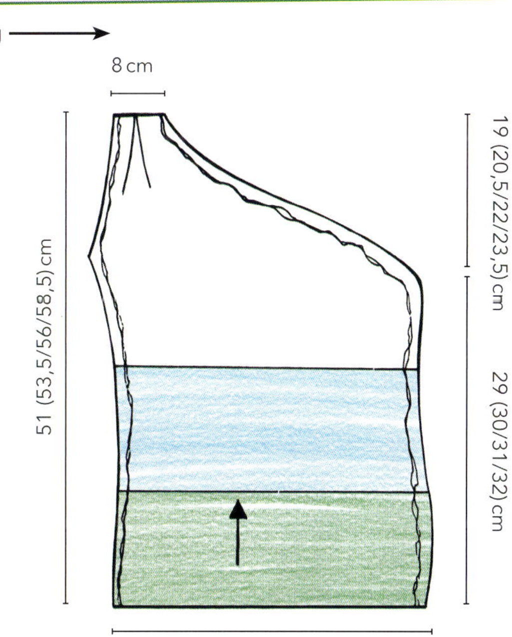

Anleitung

140 (148/156/164) M in Pinie anschl, die M zur Rd schließen und einen M-Markierer setzen, um den Rd-Beginn zu markieren.

In der ersten Rd im Wechsel * 1 M rechts, 1 M mit U links abh *, in der 2. Rd alle M rechts str. Diese beiden Rd insgesamt je 5x str.

In der nächsten Rd die M einteilen:

1. Rd: 2 M rechts, 2 M links, 62 (66/70/74) M rechts, M-Markierer setzen, 2 M links, 2 M rechts, 2 M rechts, 2 M links, 62 (66/70/74) M rechts, M-Markierer setzen, 2 M links, 2 M rechts, M-Markierer entfernen.

2. Rd: 2 M hinten verkreuzen, 2 M links, 62 (66/70/74) M rechts, M-Markierer überheben, 2 M links, 2 M vorne verkreuzen, 2 M hinten verkreuzen, 2 M links, 62 (66/70/74) M rechts, M-Markierer überheben, 2 M links, 2 M vorne verkreuzen

Die 1. Und 2. Rd immer wdh, bis insgesamt ca. 10 cm gestrickt sind, dann zu Basaltblau wechseln.

Die Einteilung der 1. und 2. Rd beibehalten, dabei für die Taillierung ab der 2. Rd in Basaltblau abn:

2 M hinten verkreuzen, 2 M links, 2 M rechts zus str, alle M rechts bis 2 M vor M-Markierer, 2 M rechts verschränkt zus str, 2 M links, 2 M vorne verkreuzen, 2 M hinten verkreuzen, 2 M links, 2 M rechts zus str, alle M rechts bis 2 M vor M-Markierer, 2 M rechts verschränkt zus str, 2 M links, 2 M vorne verkreuzen.

Diese Abn-Rd noch einmal in der 8. Rd und 10. Rd nach dem Fb-Wechsel wdh.

Nach den Abn liegt die M-Zahl bei 128 (136/144/152) M.

Weitere 17 Rd gerade hoch str.

Mit dem Fb-Wechsel zu Schneeweiß beginnen die Zun.

Die Einteilung der 1. und 2. Rd beibehalten, für die Zun ab der ersten Rd in Schneeweiß str:

2 M hinten verkreuzen, 2 M links, 1 M rechts, 1 M aus dem QF rechts verschränkt zun, alle M rechts str bis 1 M vor M-Markierer, dann 1 M aus dem QF rechts verschränkt zun, 1 M rechts, 2 M links, 2 M vorne verkreuzen, 2 M hinten verkreuzen, 2 M links, 1 M aus dem QF rechts verschränkt zun, alle M rechts str bis 1 M vor M-Markierer, 1 M aus dem QF rechts verschränkt zun, 1 M rechts, 2 M links, 2 M vorne verkreuzen.

Diese Zun-Rd noch einmal in der 8. Rd und in der 12. Rd wdh. Nach den Zun liegt wieder die Ausgangs-M-Zahl auf den Nd 140 (148/156/164) M.

Nach ca. 10 (11/12/13) cm in Schneeweiß die Arbeit teilen und das Vorder- und Rückteil separat str. Ab jetzt wird in Hin-R und Rück-R gestrickt.

VORDERTEIL

1.–3. Hin-R: 2 M hinten verkreuzen, 2 M links, 2 M rechts zus str, alle M rechts bis 2 M vor M-Markierer, 2 M rechts verschränkt zus str, 2 M links, 2 M vorne verkreuzen.

1.–3. Rück-R: Alle M str, wie sie erscheinen.

4.–11. Hin-R: 2 M hinten verkreuzen, 2 M links, 2 M rechts zus str, alle M rechts bis M-Markierer, 2 M links, 2 M vorne verkreuzen.

4.–11. Rück-R: Alle M str, wie sie erscheinen.

Dann je 13 (15/17/19) Hin-R: 2 M hinten verkreuzen, 2 M links, 2 M rechts zus str, alle M rechts bis M-Markierer, 2 M links, 2 M vorne verkreuzen.

In den jeweiligen Rück-R: Alle M str, wie sie erscheinen, bis 6 M vor R-Ende, dann 2 M links zus str, 2 M rechts, 2 M links.

Es liegen noch 30 M auf der Nd, mit denen eine Kellerfalte gestrickt wird.

DIE KELLERFALTE

2 M hinten verkreuzen, 2 M links, 1 (2/3/4) M rechts, die nächsten 5 M auf die Hilfs-Nd 1 schieben, weitere 5 M auf die Hilfs-Nd 2 schieben, die Hilfs-Nd 2 hinter die Hilfs-Nd 1 klappen und mit der rechten Nd jeweils 1 M der Hilfs-Nd 1 und 1 M der Hilfs-Nd 2 zus abstr, dabei die M der Hilfs-Nd 2 verschränkt str. Dieses Zus-Str so lange wdh, bis alle M der Hilfs-Nd gestrickt sind.

Jetzt den zweiten Teil der Kellerfalte str: 5 M auf die Hilfs-Nd 1 geben, 5 M auf die Hilfs-Nd 2 geben und die Hilfs-Nd 1 hinter die Hilfs-Nd 2 klappen. Die M der Hilfs-Nd zus abstr, genauso wie beim ersten Teil der Kellerfalte. Zum Schluss 1 (2/3/4) M rechts str, 2 M links und 2 M vorne verkreuzen.

In der Rück-R 2 M links, 2 M rechts, dann alle M links bis 4 M vor R-Ende, 2 M rechts und 2 M links str. Die restlichen M abk.

RÜCKTEIL

Das Rückteil gegengleich zum Vorderteil str und auch mit einer Hin-R starten:

1.–3. Hin-R: 2 M hinten verkreuzen, 2 M links, 2 M rechts zus str, alle M rechts bis 2 M vor M-Markierer, 2 M rechts verschränkt zus str, 2 M links, 2 M vorne verkreuzen.

1.–3. Rück-R: Alle M str, wie sie erscheinen.

4.–11. Hin-R: 2M hinten verkreuzen, 2 M links, alle M rechts bis 2 M vor M-Markierer, 2 M rechts verschränkt zus str, 2 M links, 2 M vorne verkreuzen.

4.–11. Rück-R: Alle M str, wie sie erscheinen.

Dann je 13 (15/17/19) Hin-R: 2 M hinten verkreuzen, 2 M links, alle M rechts bis 2 M vor M-Markierer, 2 M rechts verschränkt zus str, 2 M links, 2 M vorne verkreuzen.

In den jeweiligen Rück-R: 2 M links, 2 M rechts, 2 M links zus str, alle restlichen M str, wie sie erscheinen.

Es sind noch 30 M auf der Nd, mit denen die Kellerfalte wie beim Vorderteil gestrickt und am Ende abgekettet wird.

FERTIGSTELLUNG

Das Vorder- und Rückteil an der Schulter zusammennähen. Die Fäden vernähen und das Top vorsichtig nach Hersteller-Empfehlung waschen und liegend trocknen lassen.

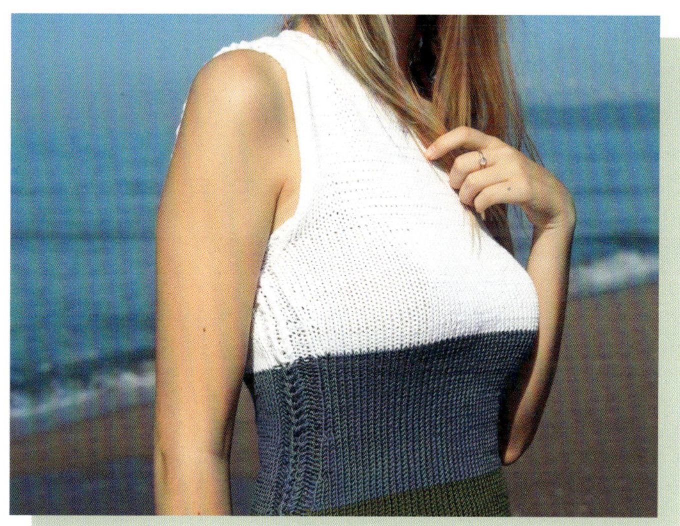

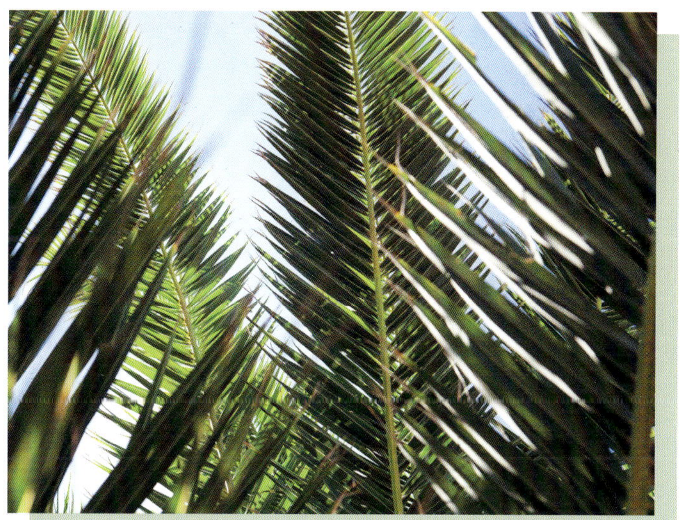

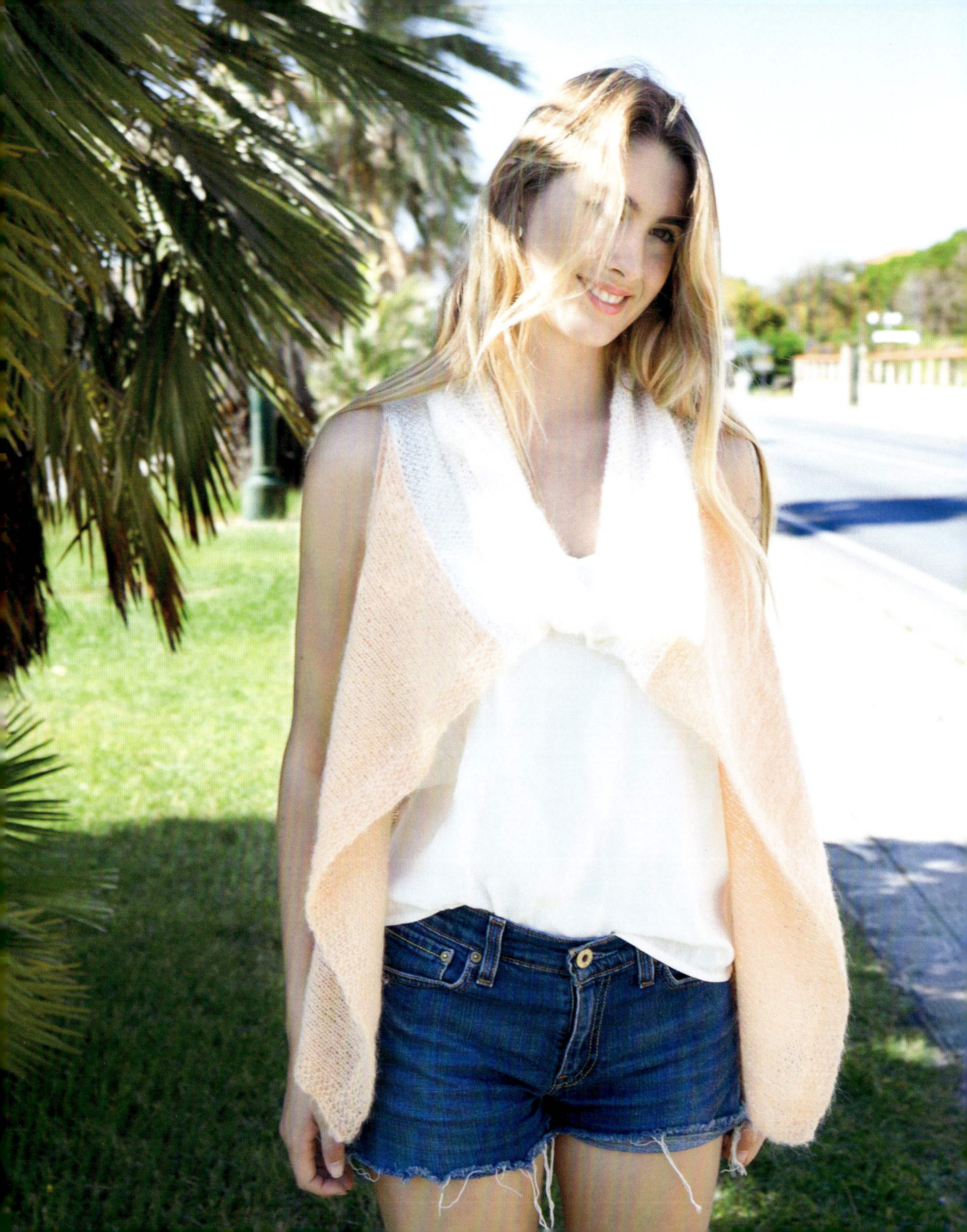

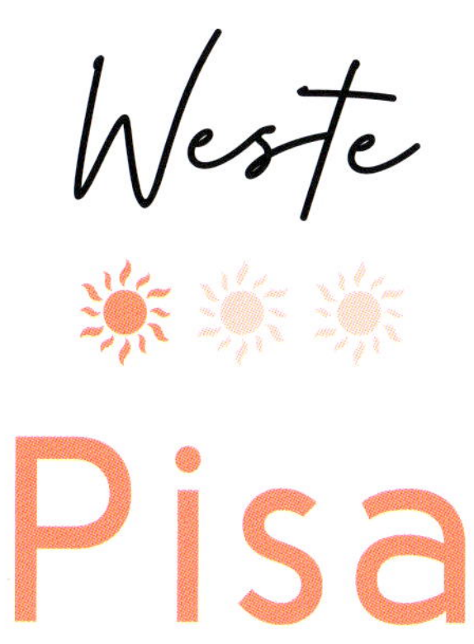

Pisa

Diese Weste ist der perfekte Begleiter an einem Tag im Freien. Sie bedeckt Schultern und Rücken, der Kragen und die fließenden Vorderteile verleihen ihr ein unbeschwert leichtes Sommer-Feeling!

BASICS

GRÖSSE
S (M/L/XL)

GRUNDMUSTER
Glatt rechts:
In allen Hin-R alle M rechts str und in allen Rück-R alle M links str.

PERLMUSTER
Hin-R:
* 1 M rechts str, 1 M links str * immer im Wechsel, mit 1 M rechts enden.
Rück-R:
wie die Hin-R str.

MASCHENPROBE
10 cm x 10 cm im Grundmuster glatt rechts gestrickt mit Nd-Stärke 4,5 mm, gewaschen und gespannt: 17 M x 29 R

STRICKWEISE
Die Weste wird von einer Seite zur anderen gestrickt, die Form entsteht durch die verschiedenen Muster. Die Fb werden durch das Verkreuzen der Fäden auf der Rückseite der Weste verbunden.

MATERIAL

- Lamana Cusi (100% Alpaka, LL 225 m/50 g) in Apricot (Fb 44), 100 (150/150/200) g und in Natur (Fb 00), 50 (100/100/100) g
- Rundstricknadel 4,5 mm (80 cm Länge)
- Wollnadel

Strickrichtung →

80 (88/96/104) cm

21 cm

37 (41/45/49) cm

71 (73/75/77) cm

50 (52/54/56) cm

97 (105/113/121) cm

Anleitung

125 (129/131/135) M anschl, davon 86 (90/92/96) M in Apricot und 39 M in Natur. Die erste Rück-R im Perlmuster in der jeweiligen Fb str. Bei allen Fb-Wechseln den Faden auf der Rückseite verkreuzen.

In den Hin-R zunächst 86 (90/92/96) M in Apricot, dann 39 M in Natur ebenfalls im Perlmuster str.

Nach 2,5 cm im Perlmuster in einer Hin-R die Muster wie folgt str, dabei den Fb-Wechsel beibehalten:

1. R: 5 M im Perlmuster, 81 (85/87/91) M im Grundmuster str, dann 39 M im Perlmuster str.

2. R: 39 M im Perlmuster, 81 (85/87/91) M im Grundmuster str, dann 5 M im Perlmuster str.

Die 1. und 2. R so lange gerade hoch str, bis eine Gesamthöhe von 30 cm erreicht ist. Für das Armloch in einer Rück-R nach 39 M (nach dem Perlmuster) die nächsten 26 (28/30/32) M elastisch abk. Dann weiter wie bisher links und im Perlmuster die restlichen 5 M der R str.

In der nächsten Hin-R wie bisher str und die zuvor abgeketteten 26 (28/30/32) M in Apricot erneut anschl, alle restlichen M der R im Perlmuster str.

Weitere 37 (41/45/49) cm im Grund- und Perlmuster nach Fb-Einteilung str. Bei einer Gesamthöhe von 67 (73/79/85) cm das zweite Armloch genauso arbeiten wie das erste.

Bei einer Gesamthöhe von 94,5 (102,5/110,5/118,5) cm alle M im Perlmuster str, die Fb-Wechsel bleiben bestehen. So bildet sich ein Perlmusterrahmen.

Nach insgesamt 97 (105/113/121) cm alle M in den jeweiligen Fb elastisch abk.

FERTIGSTELLUNG

Die Fäden vernähen, die Weste vorsichtig nach Hersteller-Angaben waschen und in Form spannen.

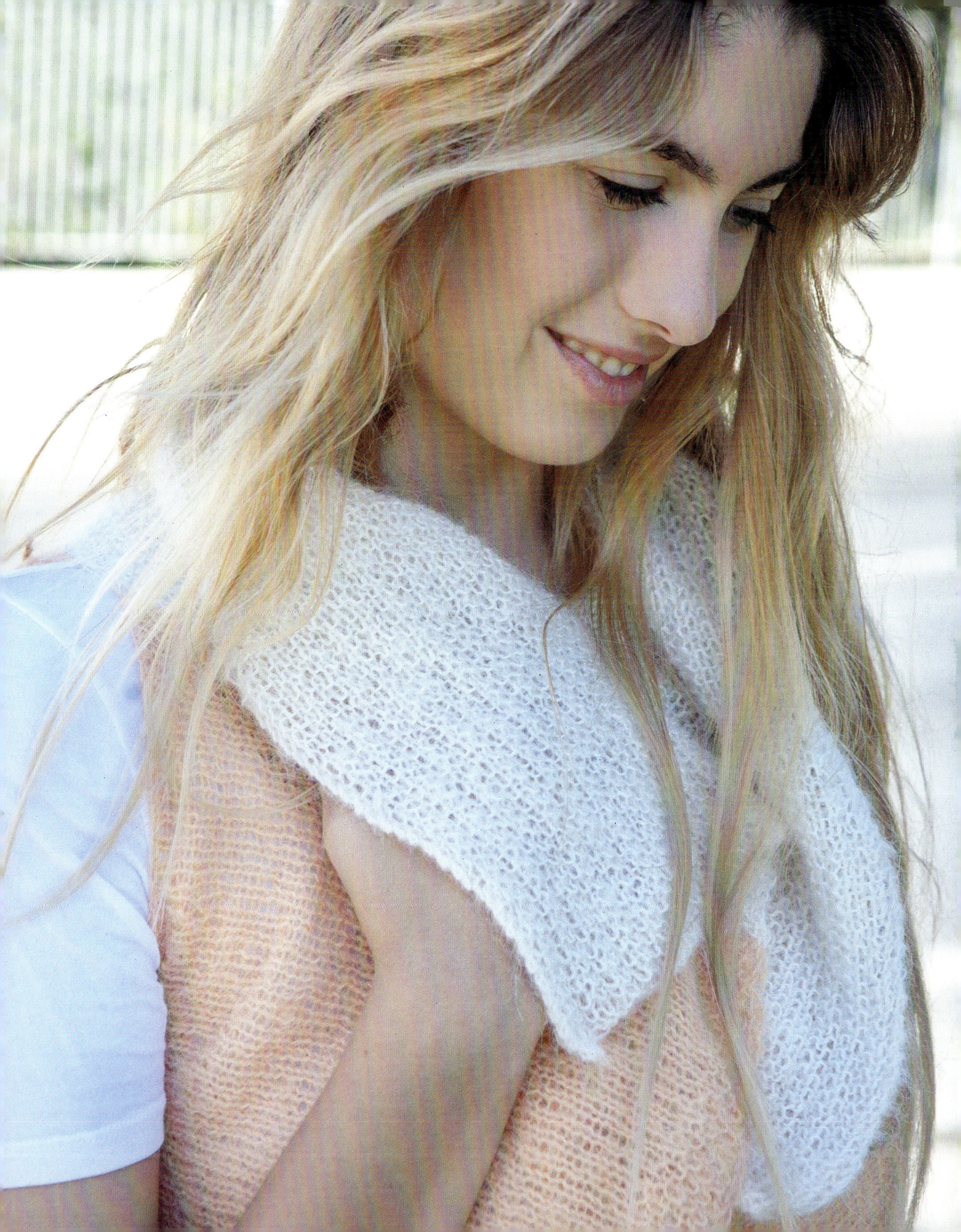

VIELEN DANK

Dieses Buch zu verwirklichen hat mir sehr viel Spaß gemacht. Ganz bestimmt auch deshalb, weil ich zu jeder Zeit ganz wunderbare Unterstützung hatte.

Es ist ein tolles Gefühl, in Anja Sommerfeld eine Lektorin hinter mir zu wissen, die mir unglaublich großes Vertrauen geschenkt und mich mit herrlicher Ruhe durch alle Arbeitsschritte begleitet hat.

Als Freundin schon seit der Schulzeit in meinem Herzen, jetzt auch als Schnittprofi Teil dieses Buchs, ist Marion Borgmann, die mit professionellem Auge meine Ideen in tragbare Schnitte verwandelt hat.

Sabine, Birgit, Susanne, Karin, Katja (vom Blog itsknityeah.jimdo.com), Marika und ganz besonders Conny haben keine Minute gezögert und mich beim Stricken der Modelle in Rekordzeit unterstützt.

Birgit, Anne, Thordis (vom Blog stricknaht.de), Ramona, Natalie und Sandra (vom Blog frausonnenburg.blogspot.de) haben die Anleitungen auf Herz und Nieren für mich geprüft und testgestrickt.

Irina, Nicole und Karla waren meine Schnittmodelle und haben meine Ideen immer wieder lebendig werden lassen.

Corinna und Jana sind trotz größter Hitze beim Fotoshooting cool geblieben und haben den Modellen das richtige Sommerfeeling eingehaucht.

Gerade im Sommer ist das Stricken mit schönen Garnen ein Muss, Lamana hat mir freundlicherweise alle Garne für dieses Buch zur Verfügung gestellt.

Und natürlich wäre das alles nicht machbar, wenn meine Familie mich nicht bedingungslos unterstützen würde. Meine drei Männer sind meine besten und ehrlichsten Kritiker, Ideendiskutierer, Förderer, Diskussionspartner, Fotografen und meine besten Freunde.

Euch allen ein ganz herzliches Dankeschön!

ÜBER DIE AUTORIN

Beim Stricken spricht das Herz durch die Hände! Kein Wunder, dass Sandra Kirchner schon seit Kindertagen der Strickleidenschaft verfallen ist.

Vor einiger Zeit hat sie ihre große Leidenschaft zum Beruf gemacht und teilt seitdem mit viel Liebe und Enthusiasmus ihre Kreativität mit den Leser*innen auf www.meinefabelhaftewelt.de.

Sandra entwirft leidenschaftlich gern und veranstaltet verschiedene Strickevents.

Ihr Motto lautet: schön muss nicht schwierig sein. Ihre Modelle bestechen durch die Auswahl der Farben und Materialien, durch unkomplizierte Schnitte und viel Freude beim Stricken. Das kommt auch bei den Leser*innen gut an, ihre Seite wird monatlich knapp 200.000 Mal aufgerufen. Im gleichnamigen Shop bietet sie ihre Entwürfe als Rund-um-Sorglos-Strickpakete an, natürlich auch alle Modelle aus diesem Buch.

Sandra Kirchner lebt mit ihrer Familie im Münsterland.

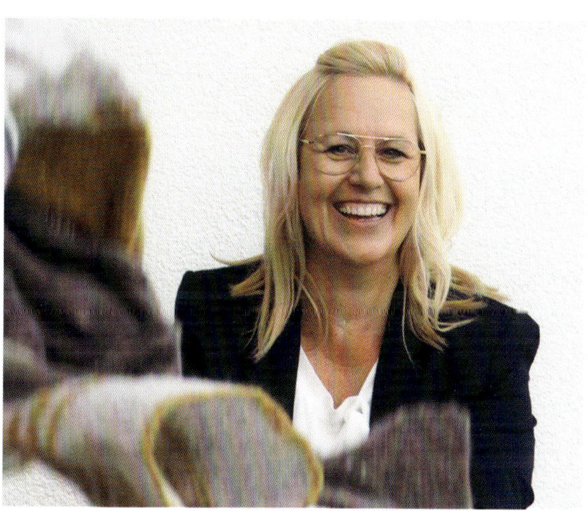

ALTERNATIVE GARNE

Hier findest du eine Auswahl an Garnen, die du alternativ verwenden kannst.

Lamana Como: Schachenmayr Merino Extrafine 85 oder ONline Linie 4 Starwool

Lamana Piura: Lana Grossa Alpaca 400 oder Rowan Fine Lace

Lamana Milano: Lana Grossa 365 Cashmere oder Schachenmayr Extrafine 170

Lamana Cusco: Lana Grossa Bingo oder ONline Linie 310 Alpaca

Lamana Ica: Wolle Rödel Cotton Universal oder Schachemayr Multicolor

Lamana Cusi: Lang Yarns Passione oder Lana Grossa Emozione

Lamana Premi: ITO Sensai, Katia Silk Mohair oder Rowan Kid Silk Haze

Lamana Perla: Katia Cotton 100% oder Gründl Florida

Lamana Cosma: Lana Grossa Wakame oder Debbie Bliss Cotton Denim DK

IMPRESSUM

Bibliografische Information der Deutschen Bibliothek.

Die Deutsche Bibliothek verzeichnet diese Publikation in der Deutschen Nationalbibliografie.

Detaillierte bibliografische Daten sind im Internet über http://www.dnb.de/abrufbar.

EIN BUCH DER EDITION MICHAEL FISCHER

1. Auflage 2024

Cover: Zoe Mitterhuber

Layout und Satz: Celina Reiser, Zoe Mitterhuber

Redaktion und Lektorat: Anja Sommerfeld

Projektmanagement: Maren Bellon

Fotografie: Corinna Brix, München (Cover, S. 1, 14, 17–18, 21–22, 24 unten, 25–26, 28–29, 30, 33–34, 37–38, 41–42, 45–46, 49–50, 53–54, 57–58, 61), Sandra Kirchner, Telgte (S. 4, 28), Nadine Maulana/Unsplash (S. 24 oben)

Autorinnenfoto: Max Kirchner, Telgte

Illustrationen: Sandra Kirchner und Daniel Besold, solmariart/Shutterstock (Cover und S. 12–13), Eva Speshneva/Shutterstock (Sonnen: S. 11, 15, 19, 23, 27, 31, 35, 39, 43, 47, 51, 55, 59)

ISBN 978-3-7459-2108-3

Gedruckt bei Polygraf Print, Čapajevova 44, 08001 Prešov, Slowakei

www.emf-verlag.de